«ESPERIENZE»

Della stessa autrice

Ottimisti si diventa

Se la vita è gioco,
ecco le regole

Se l'amore è gioco,
ecco le regole

CHÉRIE CARTER-SCOTT

SE IL SUCCESSO È GIOCO, ECCO LE REGOLE

SPERLING & KUPFER EDITORI
MILANO

Traduzione di Edi Vesco
If Success Is a Game, These Are the Rules

Published by arrangement with Linda Michaels Limited,
International Literary Agents

In copertina: Illustrazione Agenzia SuperStock

ISBN 88-200-3139-6
35-I-01

Dedico questo libro a mio padre,
Milton F. Untermeyer, che con
il suo comportamento e le sue azioni
mi ha insegnato tutto riguardo al successo.
Il suo esempio mi ha convinto che
non si deve mai desistere
dal perseguire i propri sogni.
Dedico inoltre questo libro al mio mentore
e amico, Warren Bennis, che ha creduto
in me ed è stato il mio modello
nella vita professionale.

«Se qualcuno avanza con fiducia verso i suoi sogni e si sforza di vivere la vita che si è immaginato, avrà un successo insperato. Se avete costruito castelli in aria, il vostro lavoro non deve andare perduto; quei castelli sono dove dovrebbero essere; si tratta di dar loro le fondamenta.»

HENRY DAVID THOREAU

Indice

Ringraziamenti

A Debra Goldstein, la mia alter ego, che ha contribuito a rendere chiari i concetti e i consigli proposti in questo libro.

A Lauren Marino, la mia editor, fermamente convinta che i principi spirituali possano e debbano fondersi con l'esperienza quotidiana. Grazie a lei questo libro porterà i lettori verso il successo, qualunque cosa la parola «successo» significhi per loro.

A Bob Barnett e Jackie Davies, miei angeli custodi.

A Stephen Rubin, che ha creduto in me e alla mia visione e mi ha spinto a scrivere i libri sulle Regole del Gioco.

A Donna Gould, la mia addetta stampa, per lo zelo dimostrato.

A Linda Michaels, che si è impegnata a far conoscere a tutto il mondo questo messaggio.

A Pat Brozowski, Bob Burt, Joe Netherland, Jeff Garnes, Jeff Jacoby, Jim Bell, Judy Smeltzer, Rob Christie, Bill Granville, Jim Veny, Rita Butler, Jim e Barbara Ballard, Cathy Swigon, Jeff Link, Tom Kline e tutta la famiglia della FMC, che hanno voluto sperimentare l'eccitante ma disagevole esperienza di avere sempre successo ai massimi livelli.

A Robert Allen, che cura la distribuzione, e a Debbie Stier, responsabile della pubblicità.

A Lynn Stewart, mia sorella e socia in affari per venticinque anni, vero «vento sotto le mie ali». Il suo sostegno è ineguagliabile.

A Rachel Goldberg, un angelo sempre presente, efficiente e attento a ogni particolare.

A Sara Nelson, che da sempre dà a tutti una mano perché possano sentirsi soddisfatti e avere successo nella loro vita.

A Judy Rossiter, principale punto di riferimento per le persone che vogliono conoscere e sperimentare la propria forza.

A Michael Pomije, mio amore, mia anima gemella e mio compagno, che mi sostiene nei miei progetti, nei miei sogni e nei miei obiettivi.

A tutti coloro che, come privati cittadini o come organizzazioni, hanno permesso che il MMS (Motivation Management Service) Institute desse loro motivazione e forza lungo il cammino. Questo libro nasce dalle loro esperienze.

Introduzione

Quando ho incominciato a lavorare a questo libro, mi sono resa conto che prima di tutto andava chiarito il significato della parola «successo». Ci ho riflettuto a lungo e con una certa difficoltà, interpellando conoscenti e avvicinando sconosciuti per confrontare le diverse interpretazioni. Ho anche letto biografie di personaggi famosi e a quel punto è emersa la prima verità: il successo può avere mille definizioni, tutte soggettive.

Indagando più a fondo, ho concluso che al centro dei progetti, dei sogni e degli obiettivi di ciascuno di noi c'è sempre un desiderio di appagamento. Alcuni possono sognare la ricchezza, altri la fama, e altri ancora vorrebbero porre una pietra miliare nella storia dell'umanità, ma tutti concordano nel dire che la misura definitiva del successo è la soddisfazione personale, il sentirsi realizzati. Anche Warren Buffett, uno degli uomini più ricchi del mondo, individua nella felicità l'elemento chiave del vero successo.

Ho poi riflettuto sulla differenza tra successo e appagamento e sono arrivata a concludere che, mentre il successo è misurato essenzialmente sulla base di elementi standard a noi esterni, la soddisfazione è qualcosa che riconosciamo e sentiamo nel nostro intimo. Nessuno può venirci a dire che siamo soddisfatti. Ma chiunque, se rispondiamo a standard obiettivi, potrà definirci persone di successo.

Per misurare il successo ci si basa principalmente sui risultati; infrangere primati, accumulare fortune, essere il primo a fare qualcosa o a cambiare il modo corrente di pensare sono tutti elementi qualificanti.

L'appagamento è invece qualcosa di completamente diverso: è una sensazione che viene dall'anima e si irradia attraverso il nostro essere. È la profonda soddisfazione che si prova alla fine di una giornata, quando si va a dormire e nell'intimo si sente con assoluta certezza di aver raggiunto o superato le nostre aspettative su noi stessi. Essere appagati significa essere «colmi» di un senso di benessere.

Quando il nostro senso di benessere e i simboli esteriori di appagamento convergono, allora abbiamo raggiunto il successo. Separati l'uno dall'altro sono come la candela e il fiammifero: possono esistere, ma senza scopo. Se invece si usano insieme ne risulta una fiamma dal miracoloso splendore.

Le dieci regole che troverete nei prossimi capitoli non sono formule che guidano al magico regno della prosperità, ma verità universali che stanno alla base della riuscita di ogni sforzo e di ogni individuo.

Se desiderate il successo, allora dovete ricalcare le orme di chi ci è arrivato prima di voi. Seguendole troverete la vostra verità e lascerete anche voi impronte che definiranno la vostra personale esperienza.

Per conoscere l'essenza del successo, dovrete necessariamente sperimentare tutte queste verità universali. L'obiettivo di questo libro è di affrettare il vostro apprendimento e di facilitare il vostro viaggio verso un'esistenza appagante.

Vi auguro di comprendere quale sia la vostra idea di «successo» e di riuscire a realizzarla. Vi auguro di scoprire le profonde verità su voi stessi, di avere la forza di credere in voi, di trovare la vostra strada e il coraggio di risorgere quando il mondo dà per scontata la vostra caduta.

Vi auguro di imparare le lezioni della vita e di realizzare tutto quello che vi appagherà rendendovi intimamente e autenticamente felici.

Buon viaggio.

Regola Uno

Scoprite la vostra definizione di successo

Non esiste una formula universale.
Il vero successo è ciò che vi fa sentire soddisfatti e felici.

Il successo è molte cose diverse: un concetto e un'esperienza, un momento e un'evoluzione. È la fusione delle aspirazioni con la realtà, l'incontro delle speranze e dei sogni con le incombenze di ogni giorno. È al tempo stesso tangibile ed effimero e dà l'illusione di essere universalmente quantificabile. Il successo è misurato dall'esterno ma lo sperimentiamo dentro di noi; è oggettivo ma al tempo stesso soggettivo. La vera essenza del successo, oltre i segnali e i traguardi visibili, sta nel personale senso di soddisfazione e appagamento.

Che cosa vi viene in mente quando pensate al

successo? Quale desiderio provate? Immaginate di raggiungere il vertice della carriera professionale o di accumulare ricchezze favolose? Per voi significa vedere la vostra foto sulle copertine delle riviste o leggere il vostro nome negli annuari?

Per alcune persone il successo equivale a questo. Per altre, invece, è qualcosa di completamente diverso, come guadagnare abbastanza per andare in pensione a cinquant'anni, esporre le proprie opere in una galleria d'arte o portare alla vittoria una squadra di giovanissimi calciatori. Per alcuni il successo è una grande conquista, per altri lo sono le piccole ricompense quotidiane e per altri ancora lo è il compimento di una missione lunga una vita. Successo può significare dimostrarsi un buon amico, educare bene i figli o essere un nonno molto amato. Per alcuni è aver vissuto nel rispetto dei propri valori. Per molti è da conquistarsi nell'ambito sentimentale, con una bella storia d'amore o un matrimonio felice.

Ancora, può essere il superamento di un'inferiorità, di una sfida o di un ostacolo, oppure la registrazione di un primato in campo sportivo, finanziario, storico o scientifico.

Ogni individuo, infatti, essendo particolare e unico, con il suo punto di vista, le sue aspirazioni e i suoi giudizi, definisce il successo a modo suo. La mia definizione non sarà probabilmente la vostra, come la vostra non corrisponderà esattamente a quella dei vostri conoscenti. La prima regola fondamentale del successo e, forse, la più importante, è che l'appagamento e la realizzazione non rispondono a una definizione universale. Ognuno di noi ha la sua e ciascuna è ugualmente preziosa e degna.

Gli standard del successo

Nei paesi industrializzati, tradizionalmente il successo si identifica con il potere, il denaro e la fama. Chi ne possiede in quantità, per definizione è «una persona di successo». Questo criterio di valutazione però è estremamente riduttivo, perché non considera un'infinità di individui che a pieno diritto hanno avuto successo pur sulla base di una scala di valori del tutto diversa: le persone senza molto denaro, né influenza né fama, che però hanno realizzato obiettivi e sogni ispirati da esigenze personali piuttosto che da standard collettivi.

Pensiamo a un preside che imposti una scuola dove i ragazzi imparino i valori della vita, l'autostima e l'amore per la natura: aver creato un ambiente in cui i giovanissimi possano crescere e sviluppare consapevolezza e sani principi morali è forse meno importante, meno «di successo» dell'attività di un grande della finanza?

Pensiamo a un volontario che negli ospedali faccia da lettore ad anziani deboli di vista: il suo «successo» è forse inferiore a quello di un professionista del calcio che segna un gol decisivo?

Pensiamo a una ricercatrice che abbia consacrato la vita a scoprire un rimedio per il cancro. È considerata «di successo» solo se alla fine trova la cura risolutiva? Le ore e la dedizione profuse nel suo lavoro hanno un valore soltanto se arriverà a qualche risultato? Il successo si misura solo con l'arrivare in cima, o anche dall'impegno e dalla perseveranza?

E che cosa dovremmo dire di un avvocato di mezza età, che a un certo punto della sua vita lascia lo studio legale per mettersi a costruire e vendere windsurf? Se si sente felice e appagato nel farlo, ha forse meno successo di una star hollywoodiana da dieci milioni di dollari a film?

Il successo non ha forma e come l'altra immensità intangibile, l'amore, non risponde a nessun criterio di valutazione universale. Alla fine voi e soltanto voi potrete decidere come avere successo, perché soltanto voi potrete stabilire che cosa realmente questa parola significhi.

I diversi modelli di successo

«Non dimenticate mai di avere e di salvaguardare il vostro personale sguardo sulle cose.»

LAURIE BETH JONES

Diana aveva circa trent'anni quando partecipò a un mio seminario perché provava, come diceva, «un insopprimibile senso di insoddisfazione» professionale. Era contenta della posizione di alto livello raggiunta in seno a una grossa società informatica, ma dentro di lei una vocina non smetteva di sussurrarle che c'era di più. Diana aveva raggiunto tutti gli obiettivi che si era prefissa, ottenendo promozioni, aumenti e uno status invidiabile, eppure non si sentiva appagata.

Dal discorso di Diana colsi frasi come «Dovrei essere felice» e «Sembro una donna di successo, ma mi sento una fallita». Allora le chiesi che cosa avrebbe vissuto come un successo. Lei esitò per meno di quindici secondi, prima di sbottare: «Poter portare in ufficio il mio cane».

Per Diana portarsi al lavoro il suo adorato Alex era diventata un'idea fissa da quando aveva fatto visita a un'amica nella sua piccola agenzia pubblicitaria e le era piaciuto moltissimo vedere lo schnauzer dei titolari che salutava i clienti sulla porta. Per Diana, poter andare al lavoro con il suo cane significava autonomia; a quel punto le si presentavano due possibilità: o farsi in azienda una posizione tale da non temere nessun tipo di obiezione al riguardo, oppure mettersi in proprio e stabilirsi da sola le proprie regole.

Decidere non fu difficile e oggi Diana manda avanti felicemente un'attività indipendente di progettazione di siti web, con Alex che sonnecchia beato sotto la scrivania.

Per alcune persone come Diana, il successo è sinonimo di autonomia. Per altri è l'indipendenza economica. Leo, per esempio, desiderava soltanto guadagnare abbastanza per ritirarsi a cinquant'anni e girare il mondo con sua moglie; per lui successo significava potersi permettere di fare quel che si vuole e goderne.

Anche per Jeff, un agente di cambio quarantenne, il successo si misura in termini economici, ma in modo diverso. Jeff, memore degli immensi sacrifici che i genitori avevano fatto per lui, voleva guadagnare abbastanza per regalar loro una casa a Las Vegas dove passare la vecchiaia.

Nina, una designer d'interni che viaggiava moltissimo, detestava dover risolvere i problemi della quotidianità. Il suo sogno era poter pagare qualcuno che la aiutasse, a casa o sul lavoro, nella sua vita frenetica: aggiustandole il computer quando si bloccava, montandole mensole negli armadi, pulendo la casa per lei se le mancava il tempo, organizzandole tutto il programma dei viaggi e cose simili.

Per altri ancora, il successo ha una dimensione di appagamento e stabilità emozionale. Sandra, reduce da un'infanzia difficile, sognava soltanto di vivere felice in armonia con i suoi cari: ogni sera, sedendo a tavola con il marito e i figli, si sentiva appagata. Per lei il successo era poter provare la gioia di vivere con chi amava.

Molti genitori, direi la maggior parte, considerano segno di successo crescere bene i figli. Jacqueline Kennedy Onassis, ricca, importante e famosa, attribuiva un'importanza singolare al suo compito di madre: «Se non si è in grado di crescere bene i figli», soleva dire, «non credo che abbia una reale importanza qualunque altra cosa si faccia bene».

Il successo può essere definito come gloria: per un atleta è vincere una gara, per un alpinista scalare l'Everest. Un militare può definire «successo» il servire al meglio la patria.

Per le persone che devono superare una grave malattia o per coloro che devono affrontare una tragedia, successo significa avere coraggio. Helen Keller è forse l'esempio più famoso di quanto lo spirito umano può fare, per come ha trionfato nella vita malgrado fosse cieca e sordomuta. Nel suo testamento si legge una delle mie citazioni preferite: «La vita o è un'audace avventura o non è niente». La sua è stata senz'altro la prima cosa.

Il successo può anche coincidere con il distinguersi dagli altri, essere in qualche modo diversi, aprire nuovi orizzonti.

Elisabeth Kübler-Ross è stata la prima a combattere il concetto corrente di lutto nell'ambito della comunità medica e come risultato si è incominciato a considerare e ad adottare una maniera completamente nuova di affrontare una perdita. I suoi sforzi lunghi una vita hanno portato il cuore nella pratica della medicina.

Per lei, e per altri come lei, successo ha significato cambiare lo status quo.

Ma, forse, per voi il successo è accumulare conoscenze, approfondire lo studio di qualcosa. Leonardo era affascinato dalla natura dell'uomo e dal posto che questi occupava nell'universo. Alcuni giorni prima di morire, scrisse: «Come una giornata spesa bene dona un buon sonno, così una vita spesa bene dà una morte serena».

Sebbene avesse trascorso gli ultimi anni in relativa povertà e oscurità, da queste parole è chiaro che riteneva la sua vita riuscita: un'esistenza di successo, spesa nella ricerca della verità in tutti i campi dello scibile umano e nella condivisione di questo patrimonio con gli altri.

Per me, non essere vissuti invano significa riuscire ad avere un'influenza benefica e decisiva sulla vita di una persona.

Ogni volta che coordino un seminario e colgo la scintilla della comprensione negli occhi di un partecipante, mi sento come se avessi ottenuto un successo. Vedere le persone cambiare i loro comportamenti, appagare i loro sogni, uscire dall'autolesionismo, incominciare davvero ad amare se stesse mi appaga profondamente.

Ma nessuna definizione di successo è migliore di un'altra. Desiderare la ricchezza non è meno degno di voler avere la foto in copertina o di vedersi approvato un progetto di legge. L'obiettivo di Madre Teresa di Calcutta, aiutare i poveri e gli affamati, era certamente nobile, ma non migliore di quello di Richard, uno dei miei clienti, che aspirava ad aprire una pasticceria tutta sua.

Qualunque sia il vostro obiettivo, a rendere degno e reale il vostro sogno è il fatto che è vostro.

La vostra personale definizione di successo

«Siate sempre voi stessi. Non imitate nessuno.»
RALPH WALDO EMERSON

Che cosa vi fa sentire appagati nella vita? A che cosa aspirate?

Definire che cos'è per voi il successo è importante, perché evita di sprecare tempo ed energie nel perseguimento di obiettivi in realtà secondari. Può essere facile adeguarsi alle convenzioni e sforzarsi di raggiungere i traguardi consueti. Ma, a dispetto del plauso del mondo, quelle conquiste non realmente desiderate alla fine non vi daranno gioia. Raggiungere un falso obiettivo porta sempre più lontano dal vero appagamento. Se avete aspirazioni culturali e perseguite ricchezza, potere o fama solo perché secondo gli altri è questa la ricetta del successo, una volta arrivati alla realizzazione dell'obiettivo proverete solo indifferenza.

Se cercate di farvi assegnare un ufficio prestigioso solo perché nell'open space dove lavorate tutti lo desiderano, ma dentro di voi in fondo non lo volete, quando l'avrete ottenuto la vista che godrete dalle finestre non vi lascerà mai veramente senza respiro. Se sapete che per voi la felicità è costruirsi una capanna nei boschi e vivere la pacifica solitudine di Henry Thoreau, allora alle vostre orecchie striderà il clamore del successo nelle relazioni pubbliche. Se accumulate una fortuna ma in privato attribuite il successo a valori diversi, il denaro in banca non soddisferà mai i vostri bisogni più profondi.

Realizzare un sogno che non è il vostro equivale a vedersi servire una favolosa coppa di gelato ma ai gusti che non vi piacciono. In apparenza la coppa vi attira, ma il suo sapore non saprà soddisfarvi.

L'identificazione del successo

Il primo passo per scoprire che cosa veramente significhi il successo per voi è analizzare le convenzioni culturali che vi sono state inculcate. Importanza, influenza, status di vip, auto di lusso, conoscenze prestigiose o un matrimonio adeguato e orologi costosi sono convenzionalmente i simboli esteriori del successo, perché attraggono la grande maggioranza delle persone. Se attraggono anche voi, allora potete identificarli con la vostra visione del successo e impegnarvi per conseguirli.

Spesso, tuttavia, le persone inseguono certi obiettivi convenzionali senza una vera motivazione. Quando perseguite un obiettivo per provare che ne siete degni, basate la vostra vita e i vostri sforzi sull'approvazione degli altri.

Ma se inseguite il successo sulla base dei vostri valori e i vostri obiettivi confermano la vostra più intima verità, voi date un reale significato alla vostra presenza sulla Terra.

Quando avete raggiunto il successo, a fine giornata in voi ci può essere senso di pace oppure di vuoto, a seconda che quel successo sia stato una risposta a un'esigenza vostra o a un'esigenza altrui.

Stabilire la propria visione

Per aiutare i miei clienti a capire che cos'è per loro il successo, ho messo a punto un piccolo questionario.

Fatelo anche voi: dovete completare le frasi per iscritto. Non basta che rispondiate mentalmente mentre leggete: dovete proprio compilarlo. In seguito potrete anche ritornare sulle vostre decisioni, ma adesso dovete metterle nero su bianco.

1. Io considero persone di successo coloro che

____

2. Mi sento appagato quando

____

3. I miei simboli di successo sono

---

4. Ritengo un successo il fatto di

---

5. Se fossi morto dopo una vita di successo, il mio elogio funebre ideale dovrebbe recitare più o meno così

Nella prima risposta potrete citare personalità di vostra conoscenza, o anche qualcuno, vicino a voi, che ha realizzato un progetto che ammirate, magari la piscina in giardino. Oppure personaggi famosi che non conoscete direttamente: un atleta affermato, un grande della finanza, un famoso giornalista.

Bianca considerava degna di ammirazione la sua defunta nonna, Rose, una persona di eccezionali capacità che si era ostinata a studiare medicina e a diventare chirurgo in un'epoca in cui l'unica missione considerata degna per una donna era quella di angelo del focolare. Bianca aveva concluso che la forza di Rose era stata la sua determinazione di fronte agli ostacoli, la qualità che anche lei aspirava a possedere più di ogni altra. Quando, alcuni anni più tardi, le fu diagnosticato un tumore maligno, Bianca ricorse al legame spirituale con la nonna per aiutarsi nella lotta contro il male.

La seconda risposta vi farà identificare i momenti di vera felicità. Qual è il momento in cui raggiungete l'appagamento? Quando gli altri vi elogiano o vi premiano? Quando avete un'influenza positiva sul prossimo? Che cosa vi dà la sensazione di aver sfruttato appieno il vostro potenziale? La risposta vi indicherà la via più agevole per raggiungere il successo.

Ted, un venditore di auto, rispose che si sentiva pienamente soddisfatto quando percepiva provvigioni mensili non inferiori a una certa cifra. Questo rafforzava la sua fiducia nelle proprie capacità di venditore e gli dava la sensazione di essere riuscito nel suo scopo.

La terza risposta indicherà quali sono per voi tutti gli indizi tangibili del successo. Un cospicuo conto in banca, molto tempo libero, un fisico snello e prestante. Siate il più precisi possibile, finché le risposte non vi daranno indizi per lo stile di vita conforme alla vostra essenziale visione del successo.

La quarta risposta vi darà la possibilità di collaudare le vostre aspirazioni. C'è qualcosa di veramente efficace nel dire *Io voglio...* prima di esprimere qualsiasi vostro desiderio. Ricordate Diana, con il suo cane? Affermare chiaramente: «*Io voglio* portare in ufficio il mio cane, solo questo mi fa sentire realizzata!» in un certo senso le dava potere sulla sua volontà.

Infine, il quinto punto, che comporta la stesura del proprio elogio funebre. Lo so, può sembrare triste, eppure è uno degli esercizi più utili. Noto che molte persone lo rifiutano perché le pone di fronte alla realtà della loro condizione mortale. Per contro, ho scoperto che quando riconsiderate realmente la vostra esistenza, riuscite a essere dolorosamente sinceri su voi stessi. Immaginarvi alla fine della vita, intenti a guardarvi indietro, è un utilissimo strumento per articolare con precisione le vostre speranze di realizzazione.

Trovatevi un angolino tranquillo dove nessuno possa distrarvi e incominciate a scrivere la storia della vostra vita. Esprimetevi al passato e in terza persona; scrivete tutto, senza tralasciare nessun momento significativo: le realizzazioni, i fatti e le esperienze che hanno contribuito fin qui alla vostra crescita. Questa sarà la prima parte del testo.

La seconda partirà da domani per arrivare al momento della vostra morte. Anche qui, esprimetevi al passato, e parlate come se si fossero realizzati tutti i vostri sogni e voi aveste appagato i desideri più intimi. Scrivete una commemorazione che sia l'espressione più significativa e potente di un'esistenza conclusa. Includete qualunque cosa immaginiate di aver fatto, compresi alcuni avvenimenti che non potete veramente prendere in considerazione nella vostra vita quotidiana, ma vi piacerebbe vivere in quella ideale. È la sede perfetta per finirla con gli «oh, non ce la farò mai!» e permettere alla vostra immaginazione e alle vostre ambizioni di sbizzarrirsi.

Quando avrete finito, non correggete o giudicate la vostra opera, ma considerate le imprese che avete descritto e chiedetevi se vorreste davvero che fossero realtà. Se non è così, modificate opportunamente l'elogio funebre (bello, scriverlo quando siete ancora in vita!). Quando sarete soddisfatti riponete lo scritto in un posto dove possiate ritrovarlo per rileggerlo a intervalli regolari, e incominciate a tracciare la strategia perché quei sogni diventino realtà.

La più corretta definizione del successo è che non può essere universalmente definito. Ognuno di noi ha la sua visione al riguardo, assolutamente personale e unica come un'impronta digitale. Il segreto per conseguirlo è guardare dentro di sé e cogliere le proprie aspirazioni reali. Forti di questa consapevolezza, vedrete moltiplicarsi in modo esponenziale le possibilità di avere il successo che meritate.

Regola Due

Il successo arriva se lo volete veramente

È la prima scintilla di desiderio
a far scattare il gioco del successo.

Il successo ha il suo principio dentro di voi, in forma di barlume di speranza; poi si sviluppa in un pensiero che getta il seme della promessa nella vostra anima. È un percorso il cui primo passo è un'eccitazione intima e profonda. Ogni vostro sogno ha bisogno di alimentarsi di desiderio, prima che possiate realizzarlo. In altre parole, per prima cosa, se sperate di raggiungere il successo, dovete desiderarlo davvero.

Questa regola è talmente ovvia che può meravigliare che io senta il bisogno di ricordarvela. Dopo tutto, chi di noi non desidera avere successo nella vita? Eppure non è così semplice...

Pensateci un attimo: se tutti vogliono avere successo, perché non tutti lo ottengono? La risposta è: perché non tutti capiscono veramente che il successo arriva solo a chi ha il coraggio e la determinazione di dire: *Io lo voglio!*

Immaginate di avere una passione per le barche. Ogni volta che costeggiate un lungomare o sedete sulla spiaggia, vi mettete a fantasticare su come sarebbe divertente avere una barca. Riuscite anche a visualizzare il tipo di imbarcazione (catamarano, fuoribordo molto potente, yacht di lusso) e a immaginarvi la gioia dei momenti in alto mare. Molto probabilmente, ne parlate anche con il vostro partner o con gli amici.

Ciò però non significa affatto che voi presto avrete una barca. Perché?

Perché *Sarebbe bello averla* non è *Io la voglio!*

Sarebbe bello è qualcosa di passivo, un desiderio vago, mentre *Io la voglio!* vi rende padroni della vostra volontà. *Sarebbe bello* esprime il vostro desiderio, ma ve ne allontana; *Io la voglio!* lo mette alla vostra portata. La volontà concreta e determinata vi fa sedere al posto di guida, un desiderio nebuloso vi tiene legati al sedile posteriore. Essere padroni della propria volontà è la chiave che avvia il motore del successo.

Tutto inizia da lì. Volere qualcosa di diverso dal

solito fa scattare l'impegno. Non sempre riuscirete ad avere quello che desiderate, ma siate certi che non lo avrete mai senza la volontà.

Il potere del desiderio

«Niente al mondo è impossibile per un cuore determinato.»

ABRAHAM LINCOLN

Nessuna squadra vincerà mai un trofeo dicendo «Come sarebbe bello!» I giocatori devono guardare alla vittoria con tanta intensità e orgoglio da smuovere cielo e terra. Solo un desiderio ardente accende la determinazione, che a sua volta è la molla del successo.

Quando volete qualcosa e lo volete realmente, dentro di voi scatta una reazione che dice: «Sì!» È un impulso che ha la medesima intensità in ogni fase della vita: a cinque anni spinge verso un giocattolo, a cinquanta verso la casa dei sogni. L'energia liberata in quel momento di desiderio crea una delle forze più potenti e magnetiche dell'universo.

Quando avevo ventun anni, io e l'uomo che allora era mio marito desideravamo fare trekking alle Hawaii dopo la laurea. Un viaggio con uno zaino come unico bagaglio, fuori dalle consuete rotte turistiche, alla scoperta di meraviglie sconosciute e a stretto contatto con la natura. La vita era davanti a noi con tutto il suo peso e, prima di pensare alla carriera e a costruirci un futuro, volevamo fermarci un attimo a sperimentare qualcosa di speciale. Per quel viaggio io sarei stata disposta a rinunciare quasi a tutto. E alla fine, malgrado la scarsità di denaro e le accalorate proteste dei nostri famigliari, io e Bill prendemmo i nostri zaini e partimmo. I tre mesi trascorsi esplorando grotte misteriose, incontrando gli indigeni e imparando le loro antiche usanze, mangiando frutti che coglievamo dagli alberi e nuotando in piccoli specchi d'acqua appartati restano fra i miei ricordi più preziosi. Il successo di aver reso quel viaggio una realtà resta uno dei più dolci che ho mai sperimentato. Ma dubito che quel sogno si sarebbe realizzato se ci fossimo detti: «Non pensi che sarebbe carino un trekking alle Hawaii?»

Pensate a un momento della vostra vita in cui avete sentito in ogni fibra del vostro essere un desiderio ben definito. Forse un viaggio particolare, forse una relazione o magari anche soltanto una fetta della torta che faceva vostra nonna. Lo volevate, sì, ma avete mosso cielo e terra per arrivarci?

Il desiderio profondo scaturisce dal vostro intimo. Sfida il buonsenso, la logica e i pensieri razionali. È

una sensazione innegabile, una proiezione in una realtà alternativa. Che vogliate cambiare arredamento al bagno, fare un viaggio o concludere un accordo, è il momento della verità profonda. Il segreto dell'anima.
I desideri sussurrano senza autorizzazione, portano alla luce l'inconfessabile, sono lampi che rischiarano un cammino che può anche condurre a risultati negativi, perché un *Voglio farlo* può spingervi a rischiare. I *Voglio* vi chiedono di uscire dalla vostra zona di sicurezza e di fare qualcosa di diverso. Biglietti per nuove avventure, i *Voglio* rappresentano sicuramente una sfida e un cambiamento.

I desideri e le necessità

Un giorno la mia amica Adrienne, una giornalista, mi disse che le piaceva molto la mia penna, un oggetto particolare e costoso. Quando le suggerii di comprarsene una, lei mi guardò divertita e disse: «Non mi serve! Ne ho già!»

«Sì, lo so», risposi. «Ma la *desideri*. Non contano, i tuoi desideri?»

Adrienne mi rispose nel modo che le era tipico: se lei non aveva bisogno di una cosa, allora non si concedeva di possederla. Lei disprezzava i suoi «desideri» se avevano per oggetto il superfluo.

Molte persone, come Adrienne, partono da una posizione di necessità oggettiva. Mettere i bisogni in opposizione ai desideri è qualcosa che è stato loro inculcato fin dall'infanzia: in qualche momento, hanno incominciato a ricevere un messaggio sottile ma corrosivo: desiderare è egoistico, non necessario, è un segno di debolezza e di frivolezza. Come risultato, si arriva a credere di poter colmare l'esistenza solo con il necessario. E poiché i «desideri» vengono considerati lussi estranei e in certo qual modo immeritati, quando insorgono hanno due possibilità: o sono repressi per eliminare i sensi di colpa o vengono convertiti in bisogni, diventando quindi legittimi.

La differenza di base fra un bisogno e un desiderio è che il primo deriva da una situazione di insufficienza, mentre il secondo nasce da una situazione prossima alla completezza. Quando sentiamo un bisogno, percepiamo una carenza precisa. Quando desideriamo, miriamo a qualcosa che aumenti o completi ciò che già abbiamo. I bisogni, naturalmente, vanno soddisfatti per la sopravvivenza. Ma anche i desideri devono essere soddisfatti, se possono portare alla felicità.

Quando sapete che cosa volete e vi concedete di possederlo, si genera in voi un senso di piacere e di potere che vi conferma come persona. Tutto ciò nutre la fiducia in voi stessi, l'intuizione, l'autostima. A sua volta questo rafforzamento riafferma la vostra identità, la consapevolezza interiore e la vostra realtà. Ogni volta che si compie, questo ciclo rinvigorisce il vostro io autentico.

Ciò non significa che avete piena libertà di comportarvi senza etica, con egoismo, in modo immorale o illegale solo perché volete qualcosa. Ma se un desiderio non è dannoso per voi né per altri e rientra nei parametri della legalità e dell'etica, non c'è ragione di reprimerlo. Né dovete negarvi l'opportunità di cercare di realizzarlo.

Ostacoli ignoti sulla via del successo

«Tutte le battaglie importanti iniziano dentro di noi.»

SHELDON KOPP

Ogni persona ha la capacità e il diritto di avere successo. Ma davanti a lei si apre un sentiero che separa ciò che è da ciò che vorrebbe essere. Se questo sentiero è sgombro e si arde di desiderio, il successo può essere raggiunto. Se invece il sentiero risulta bloccato, bisogna individuare e rimuovere l'ostacolo.

Ogni volta che dico ai miei clienti di parlarmi di ciò che li ostacola sulla via del successo, gli impedimenti elencati sono solo esterni. È colpa del capo se non è arrivata la promozione, è colpa della banca se mancano i fondi per quel nuovo affare, è colpa di amici o famigliari se non si fanno progressi nella vita. Se conseguire il successo significa dimagrire, se la prendono con il metabolismo, le ghiandole o il DNA. Se è un miglioramento della situazione economica, accusano la Borsa, il mercato o gli alti tassi di interesse. Se è un ruolo in un film, il colpevole è il direttore del casting. Stranamente, risulta sempre molto difficile attribuirsi delle responsabilità e riconoscersi come ostacoli al proprio successo.

Ricordo un mio cliente, Marcus, un brillante tecnico che verso la trentina aveva vissuto per alcuni anni un periodo disastroso dal punto di vista professionale. Sebbene sognasse stipendi da favola, non sembrava in grado di mantenere un impiego stabile. Quando gli chiesi che cosa era successo negli ultimi tre posti di lavoro, mi rispose che nel primo caso non aveva funzionato perché il suo capo era un incompetente, nel secondo perché i dirigenti della compagnia erano disorganizzati e nel terzo perché i colleghi erano gelosi di lui e ostacolavano la sua carriera. In ognuna delle tre situazioni Marcus trascurava l'unica costante: lui stesso. Io gli suggerii di cercare dentro di sé eventuali impedimenti alla realizzazione delle sue ambizioni e, dopo poco tempo,

Marcus arrivò al vero problema: la paura di crescere. Per lui, una posizione professionale prestigiosa e stabile era un simbolo di maturità, quindi della fine dell'adolescenza (e, di conseguenza, della spensieratezza). Quando Marcus se ne rese pienamente conto, incominciò a lavorare su questa paura e, in seguito, a rimuoverla, eliminando così la barriera tra lui e la realizzazione dei suoi obiettivi. L'autosabotaggio è la prima ragione del fallimento.

Certo, esistono anche fattori esterni, sfortuna o circostanze negative, ma non dovete mai considerarli cause prime del mancato raggiungimento di un obiettivo. Se quello che sapete di volere è molto lontano da quello che ottenete, allora sarà il caso di indagare in profondità per scoprire la vera fonte dell'ostacolo.

Giocate a tennis e volete spedire la palla in un posto preciso? Se va sempre fuori campo e continuate a perdere punti, potrete dare la colpa alla racchetta, al terreno di gioco, alla qualità delle palle, al vento, all'avversario, alle lezioni mancate, ma il risultato del vostro tiro non cambierà finché non batterete in modo diverso. Dovrete cambiare tutto nel vostro modo di tirare, se vorrete far punto.

È la differenza tra la vostra intenzione e la realtà della situazione a segnalare che è dentro di voi che si deve cambiare qualcosa.

Ambivalenza

Si può definire l'ambivalenza «incertezza o fluttuazione causata dall'incapacità di scegliere». Può sembrare ridicolo suggerirvi che forse il problema è il vostro inconscio rifiuto di quello che dite di volere, ma nel caso di un successo mancato o contrastato è meglio pensarci.

Per molti il concetto di successo è oneroso, collegato a sensazioni di paura, ansia e colpa; alla fine può risultarne una profonda scissione tra gli sforzi e il reale risultato. Voi potete benissimo non essere consapevoli di avere atteggiamenti ambivalenti, ma ciò non significa che non esista un lato oscuro.

L'ambivalenza è come il monossido di carbonio, invisibile ma letale. Il dubbio sulla validità dei vostri desideri o sulla vostra abilità nel realizzarli può strisciare nel vostro subconscio senza che voi ve ne rendiate conto, anche se, viceversa, siete ben consapevoli dei tentativi frustrati di arrivare all'obiettivo e del disappunto che ne deriva.

Paura di cambiare identità

Spesso ci si sente così a proprio agio nella condizione presente che può diventare difficile abbracciare una nuova realtà.

Anche se volete il successo, potreste incontrare difficoltà se trascurerete o ignorerete i cambiamenti di identità che comporta.

Chi diventerete con il successo?

Ken si dibatteva da tempo in notevoli difficoltà finanziarie e a trentacinque anni, pur guadagnando molto come dirigente, era sempre sommerso dai debiti al punto che, spesso, non riusciva nemmeno a pagare i conti mensili. Per lui, successo significava diventare economicamente affidabile e non avere più pendenze, ma ogni mese la situazione peggiorava, allontanandolo sempre più da quell'obiettivo. Questo stato di cose per lui diventò così scontato che Ken incominciò a pensare a se stesso come a colui che ha problemi di soldi. Si era abituato a rifiutare gli inviti degli amici a vacanze costose e anche a rinunciare a invitare una ragazza a cena; pur desiderando disperatamente queste cose, si era rassegnato a non potersele permettere.

Quando venne da me, gli chiesi se non ci fosse qualche ragione inconscia che gli impediva di raggiungere la stabilità finanziaria. Dopo una breve riflessione, Ken mi raccontò di quando era ragazzo. Lui e i genitori vivevano una vita tranquilla, poi un giorno suo padre ebbe un grosso colpo di fortuna con i suoi investimenti e, poco dopo, andò a vivere con una nuova compagna, lasciando la famiglia senza un soldo. Ken e sua madre impiegarono anni per riprendersi dallo choc emotivo e dal dissesto finanziario.

«Penso che dentro di me qualcosa suggerisca che i soldi cambiano tutto», ammise Ken. «Forse voglio restare in ristrettezze economiche per non rischiare di diventare come mio padre.»

Aveva fatto un decisivo passo in avanti solo grazie a una semplice domanda. Ken era riuscito a individuare la sua paura e da quel momento fu in grado di affrontarla e di imporsi un preciso programma per raggiungere finalmente la stabilità economica.

Talvolta le nostre paure di mutare identità sono così forti da predisporre il fallimento. Accade sovente a coloro che desiderano cambiamenti inerenti alla persona o alle abitudini, come smettere di fumare o perdere peso: la loro identità è così associata ai modelli comportamentali che alterare questi ultimi diventa una prospettiva troppo spaventosa da affrontare.

Anna era in sovrappeso di circa trenta chili sin dall'adolescenza e, alle soglie della quarantina, stanca di sentirsi amareggiata e di disprezzarsi, come le succedeva da troppo tempo, decise finalmente di dimagrire. Provò di tutto, diete, beveroni, terapia di gruppo, pesatura accurata delle porzioni, perfino il digiuno, ma senza risultati duraturi: al primo progresso, perdeva il suo incentivo, interrompeva la dieta e riguadagnava peso.

Gli occhioni azzurri di Anna erano colmi di lacrime, quando mi chiese di aiutarla e mi raccontò la sua storia struggente: tormentata alle elementari, ignorata o schernita dai ragazzi alle superiori e vergognosa di sé e del suo corpo negli anni successivi. Parlò delle diete e dei ripetuti fallimenti, supplicandomi di aiutarla a uscire da quel labirinto di frustrazione.

Ascoltandola, notai che si definiva sempre in modo dispregiativo: «grassona», «elefante», «donna cannone». Aveva passato talmente tanto tempo in quell'identità da non riuscire ad avere altre immagini di sé in cui identificarsi. Anna non vedeva altra possibilità per se stessa che quella di essere grassa: anche se quella condizione la rendeva infelice e lei lo sapeva, era l'unica che le riuscisse familiare.

Perdere molto peso (la sua definizione di successo) l'avrebbe costretta a rimettersi in discussione con se stessa e il resto del mondo. Anna non era ancora preparata a farlo.

Il successo può provocare crisi di identità, perché ci costringe a confrontarci con *Chi diventerò se...?*

un interrogativo che per molti è angoscioso. Le persone che come Anna si descrivono in termini denigratori, si sentono a disagio quando devono considerarsi sotto un aspetto diverso, anche se cambiare è il loro obiettivo.

Anna affrontava ogni dieta puntando al fallimento, solo per evitare il disagio della nuova realtà? Sicuramente no. Lei credeva con tutte le sue forze nella ferma volontà di dimagrire, ma trascurava di confrontarsi con il cambiamento che la perdita di peso avrebbe portato nella sua vita, con le zone d'ombra che avrebbe dovuto affrontare. Per perseguire il suo obiettivo e raggiungerlo, Anna aveva bisogno di considerare ogni aspetto della nuova realtà.

Se non riuscite ad avere successo pur desiderandolo disperatamente, chiedetevi se siete disposti ad accettare quello che porterà con sé. Cambierà la vostra identità, lo stile di vita, lo status sociale o il modo di trascorrere il tempo?

La vostra famiglia e gli amici vi tratteranno in modo diverso? Le nuove responsabilità potrebbero inquietarvi o sconvolgervi?

Non scartate nessuna possibilità, per quanto possa sembrarvi assurda. Leggetevi dentro e potreste stupirvi, scoprendo che a bloccarvi è l'anticipazione inconscia del risultato dei vostri desideri.

Resistenze inconsapevoli

Ogni successo porta con sé un cambiamento, positivo o negativo. La proiezione di questo cambiamento può spaventare e questa paura a sua volta vi porta inconsciamente a sabotare i vostri sforzi.

Philip lavorava alla sua tesi di laurea da due anni e mezzo. Lui e la moglie Ellen si erano accordati perché lui riuscisse a portarla a termine: lei aveva trovato un lavoro a tempo pieno presso una compagnia assicurativa per garantire alla famiglia il sostegno finanziario e Philip pensava alla sua tesi al mattino, occupandosi dei due gemelli di sette anni dopo la scuola. Il programma prevedeva che Ellen si sarebbe licenziata per dedicarsi ai figli non appena Philip si fosse laureato e fosse tornato al lavoro. La cosa sembrava funzionare bene, soprattutto per Philip, che adorava i bambini e si divertiva moltissimo con loro. Ma in realtà c'era un problema: la tesi si era arenata. Philip aveva difficoltà tremende e un giorno venne da me, per capire che cosa gli impedisse di raggiungere quell'obiettivo, l'unico che potesse poi permettergli di ottenere la tanto desiderata laurea.

Io gli chiesi che cosa sarebbe cambiato per lui, una volta ottenuto il suo scopo. Philip non esitò un attimo: «Tutto cambierà! Tutto!» esclamò con foga. «Io dovrò tornare al lavoro e non avrò più tempo per i miei figli. Insomma, finirò per perderli!»

Nel suo caso la barriera era il timore di dover rinunciare a quella particolare fase della vita famigliare che gli piaceva tanto. Capirlo permise a Philip di discutere con Ellen un nuovo programma per il futuro, che gli consentisse sia di tornare al lavoro (l'obiettivo finale), sia di passare del tempo con i figli. Superato questo blocco, Philip in tre mesi portò a termine la tesi di laurea.

Che cosa cambierà nella vostra vita quando avrete successo? Scavate sotto la superficie e vedete se qualche zona d'ombra vi trattiene dal raggiungere il traguardo. Se è così, dovrete affrontare il problema e risolverlo. In qualsiasi modo. Solo così sarete liberi di raggiungere il vostro traguardo.

Convinzioni limitanti

Non potrei mai...
Non lo merito...
Non dovrei...
Non sono all'altezza...

Non avete mai fatto una di queste considerazioni? Forse sì, magari inconsciamente. Molti di noi sono arroccati in un atteggiamento autolimitante che è necessario superare.

Le vostre convinzioni determinano il vostro comportamento. Questo vale in amore, in affari e nella vita in genere. Le previsioni su voi stessi si avverano per il legame inscindibile tra le vostre convinzioni e le vostre azioni.

Se credete di fallire, fallirete. Viceversa, se credete di riuscire, riuscirete.

Se credete di non meritare quel che volete, non lo avrete, ma, se siete convinti di meritare ogni gioia dalla vita, la otterrete.

Se credete di non avere la stoffa per farcela, non riuscirete in nulla, ma se pensate di essere proprio la persona giusta, arriverete in cima.

Come diceva Henry Ford, «che voi pensiate di poter fare una cosa o che pensiate di non poterla fare, avete ragione». Qualunque convinzione su di voi impronta la realtà della vostra vita.

George voleva solo una cosa dalla vita, diventare socio nello studio legale per cui lavorava. Era il suo sogno e tutta la sua carriera era stata impostata su quell'obiettivo.

Ma George, dentro di sé, era anche fermamente convinto di non potercela fare. Pensava che tutti gli altri candidati fossero in posizione migliore, che tutti lo avrebbero scavalcato e che lui non sarebbe mai stato scelto.

Ed è stato così.

Immaginare di non avere limiti

Per identificare ed esorcizzare le vostre convinzioni limitative potete usare l'immaginazione. Incominciate tornando all'infanzia, consentendo al bimbo che è in voi di sognare e fantasticare liberamente, senza remore, perché dal vostro cuore scaturisca la scintilla del desiderio. Tornate in quel luogo infantile dove potete essere, fare e desiderare ciò che volete.

Che cosa volete essere?

Che cosa volete fare?

Dove volete andare?

Che cosa volete avere?

Concedetevi poteri immensi, per diventare più grande di quanto avete mai osato pensare, per realizzare imprese che vi hanno colpito e per ottenere qualunque cosa esalti la vostra immaginazione.

Fantasticate che il mondo sia la vostra tela e di avere tutti gli strumenti, il tempo e l'abilità per dipingervi qualunque realtà desideriate.

Combattere i «Sì, ma...»

In risposta a questa sfrenata immaginazione sorgeranno all'istante quelli che io chiamo i *Sì, ma...*

I *Sì, ma...* sono lo strumento di cui si serve la vostra mente per proteggervi dalla delusione, sono secchiate di acqua gelida sulle esili fiammelle del desiderio. Contro il bambino che le ha suscitate agiscono come adulti freddi e razionali e distruggono le possibilità appena riscoperte. *Sì, ma sono troppo vecchio. Sì, ma è troppo tardi. Sì, ma non ho la preparazione*, e l'elenco potrebbe continuare all'infinito.

Prendete di petto i *Sì, ma...* L'uno dopo l'altro, con metodo, e ogni volta che vi ponete un'obiezione, affrontatela.

Prima di arrendervi, qualunque sia l'obiettivo che volete raggiungere, chiedetevi se davvero l'impresa è così disperata. È davvero assurdo? È davvero impossibile? E se non lo è, visto che lo desiderate così tanto, perché non provarci sul serio?

Lo scopo di questo esercizio non è quello di farvi perdere il contatto con la realtà, né di illudervi che potete buttarvi da un grattacielo pensando di riuscire a volare solo perché ne siete convinti, ma piuttosto è quello di aprire la vostra mente alle reali possibilità. Abituarvi a passare da *Non potrei mai* a *Sì, posso!* e da *Non sono all'altezza...* a *Ho tutte le capacità per affrontare questa sfida!* Insomma, espandere i limiti delle vostre decisioni e delle vostre convinzioni.

Provate. Chissà... Anche il più ostico dei *Sì, ma...* potrebbe svanire come neve al sole.

Pressioni esterne

Una triste realtà della vita è che non tutti sanno gioire del successo altrui. Sarebbe bello pensare che ogni persona è soddisfatta di sé e non cerca mai di ostacolare gli altri per imporsi. Ma purtroppo non sempre è così: moltissime persone sono bloccate da sensazioni di inadeguatezza tali che trovano difficile rallegrarsi dei progressi degli altri.

Chi vi sta intorno può aver investito molto sulla vostra posizione attuale e vedere malvolentieri un progresso: vuole tenervi sotto controllo, accertarsi che non andrete mai oltre il punto in cui siete. Può aver basato la sua vita su di esso e un vostro avanzamento può smettere di garantire le sue scelte e il suo stile di vita. Vede il vostro successo come una minaccia e allora cerca sottilmente di dissuadervi dal realizzare i vostri sogni.

Oppure può avere veramente a cuore il vostro bene e non sopportare di vedervi deluso: quindi vi scoraggerà dal puntare troppo in alto.

Che cos'ha a che fare questo con il vostro successo? Tutto. Quando qualcuno che vi è vicino vi lancia un messaggio, esplicito o indiretto, dicendovi che forse siete troppo avidi, troppo ambiziosi, troppo irrealistici o che mirate troppo in alto, allora state attenti: il dubbio o l'insicurezza possono insinuarsi in voi e distruggere la vostra autostima.

Barbara e Vanessa erano inseparabili dai tempi del liceo e insieme si erano trasferite a New York per affermarsi professionalmente, Barbara come stilista di moda, Vanessa come chef. Insieme sognavano il giorno in cui le creazioni di Barbara sarebbero arrivate alle sfilate di Parigi e Vanessa sarebbe stata eletta «la cuoca più *in* di New York». Il sogno di Barbara comprendeva un lussuoso loft in centro, quello di Vanessa un'imponente dimora nella zona residenziale. E, mentre sognavano, tutte e due si compiangevano per il loro misero stipendio, per il duro lavoro e per i capi antipatici.

Quando avevano da poco compiuto entrambe i ventotto anni, Barbara lasciò il lavoro e si mise in proprio, disegnando una linea molto chic di abbigliamento per il tennis che in breve tempo riscosse un successo clamoroso. Barbara si trovò a soddisfare richieste da ogni parte del mondo e guadagnò tanto da potersi permettere finalmente l'attico dei suoi sogni. Vanessa, nel frattempo, continuava a lavorare come cuoca in un piccolo bistrot, sperando che un giorno o l'altro qualcuno dei ristoranti più famosi e alla moda la assumesse.

Anche se Barbara faceva di tutto perché l'amica non fosse gelosa di lei, Vanessa non seppe accettare il suo successo e incominciò a prenderla in giro con soprannomi velenosi e a sibilare frasi antipatiche su chi buttava via i soldi per giocare a tennis in tenuta chic. Barbara, fin da ragazzina, aveva sempre dato molta importanza alle opinioni di Vanessa e si lasciò ferire dai commenti dell'amica, cominciando a chiedersi se per caso il suo successo non fosse immeritato.

Sono molte le situazioni simili, anche se meno clamorose. Una, molto frequente, è quella dei membri di una famiglia che non accettano di vedere deluso un loro caro e lo dissuadono dal perseguire qualsiasi obiettivo men che sicuro. Una mia cliente mi ha confessato di non voler incoraggiare il figlio a impegnarsi per l'ammissione alla facoltà di medicina perché sa che si sentirebbe distrutto se lo respingessero.

Qualche volta anche due coniugi possono porsi vicendevolmente dei limiti senza rendersene conto. Rita si ingelosì quando suo marito Bob, un musicista, cominciò a ottenere sempre più spesso scritture per manifestazioni importanti. Lo tormentava in modo sottile, in continuazione, senza risparmiargli frasi tipo: «Adesso che sei una star non te la sentirai più di portar fuori la spazzatura, vero?» Alla fine Bob la affrontò apertamente e Rita gli confessò il suo timore di perderlo. Bob la rassicurò sul suo amore, dicendole che lei sarebbe sempre stata più importante della sua carriera, sempre, dovunque fosse riuscito ad arrivare.

Oggi, quando Bob si esibisce, si sente euforico alla vista di sua moglie seduta in prima fila ad applaudirlo.

Guardatevi intorno. Se qualcuno, implicitamente o esplicitamente, vi chiede: «Chi ti credi di essere?» siate cauti. Forse, senza averne l'intenzione, vi sta dicendo di restare dove siete, ovvero *Non crescere, non migliorare*. Andate con i piedi di piombo con chi può non essere pronto ad abbracciare voi e i vostri sogni in tutta la loro gloria. Forse un giorno lo capirà, ma intanto quello che fa è tenervi lontani dal successo.

Se credete che nella vostra cerchia più intima qualcuno stia cercando di frenarvi o controllarvi, è spesso utile affrontare questa persona direttamente, perché il suo atteggiamento può anche essere inconsapevole.

Ancora più spesso, se farete capire quanto avete bisogno del loro incoraggiamento, i vostri cari saranno fin troppo felici di darvelo; si sentiranno parte integrante della vostra squadra e da ostacoli si trasformeranno in sostegni.

Sfidare la mediocrità

«Alcuni guardano le cose e dicono: 'Perché?' Io invece sogno le cose che non sono mai esistite e dico: 'Perché no?'»

George Bernard Shaw

Dice il saggio: «La vita non è un cestino di ciliegie», e una canzone dei Rolling Stones ammonisce: «Non puoi sempre avere quel che vuoi». Questo punto di vista, abbracciato da chi intende accettare la mediocrità della propria vita e razionalizzare il rifiuto di impegnarsi per qualcosa di più, contrasta con le mie tre convinzioni sulla possibilità di avere successo:

1. Ogni persona dentro di sé sa bene che cosa la renderà felice.
2. Ogni persona ha il potere di trasformare questa conoscenza interiore in realtà.
3. Ogni persona può vivere la sua vita nel modo che desidera.

Questo elenco, confrontato con il punto di vista negativo, può dare forza o intimorire, a seconda di che cosa credete di meritare dalla vita e a seconda del vostro modo di pensare. Qualunque sia il vostro presupposto iniziale, sappiate che determina il vostro modo di percepire la realtà.

Se accettate la tesi negativa, avrete il negativo. Appoggiatevi ai vostri limiti e cadrete sempre.

Se invece accettate l'impostazione positiva, avrete una capacità molto più grande di catapultarvi più in alto, fino al posto che vi spetta tra le stelle.

Voi potete considerarvi persone di successo sia che abbiate in mano il cestino di ciliegie sia che pensiate di essere contenti dei soli noccioli. Ma il punto reale della questione è: vi renderà davvero felici, un cestino di noccioli?

Il gioco del successo non può iniziare fino a quando voi non avrete lanciato il dado del desiderio.

Quando avrete concesso a voi stessi di immaginare e reclamare i «desideri» che vi spettano a pieno diritto e avrete rimosso gli ostacoli sul vostro cammino, niente potrà impedirvi di realizzare i vostri sogni. E se il vostro sogno, il vostro vero desiderio è il successo, allora siete già sulla buona strada per ottenerlo.

Regola Tre

Non c'è successo senza fiducia in se stessi

Imparate a conoscervi
e ad accettarvi per ciò che siete.

Ognuno di noi sa che cosa lo fa sentire vivo, che cosa gli illumina lo sguardo e gli riscalda il cuore. Non ci sono misteri su ciò che ci dà godimento o piacere e non è per niente difficile assecondare le nostre inclinazioni.

La vera sfida è credere in noi stessi abbastanza da tener conto di questi messaggi interiori. Conoscervi e credere in voi stessi vi guida su un sentiero privato. Accettarvi vi dà grandissime possibilità di avere successo, perché vivete davvero e al massimo del vostro potenziale quando siete schierati con la vostra verità interiore e agite sulla base dei suoi messaggi. E il punto di partenza è la fiducia in voi stessi.

Questa è necessaria non solo per raggiungere la vostra vera strada, ma anche per restarci quando il cammino si fa difficile. È necessaria quando sorgono i dubbi, quando gli altri pensano che siate pazzi, quando avete bisogno di operare delle scelte e quando incontrate ostacoli.

Se credete in voi stessi, potete stabilire qual è il miglior modo di agire per voi. La vostra verità interiore è una fonte di potere. Se vi allineate con la vostra vera natura, vi rinvigorite. Ogni vostro passo va verso la verità o se ne allontana: nel primo caso vi dà forza, nel secondo vi indebolisce. Tanto più vicini vi manterrete alla vostra verità interiore, tanto prima troverete l'appagamento che cercate.

Scoprire l'io essenziale

«Per salire in alto, prima di tutto si deve andare alla base delle cose.»

ROBERT C. SAVAGE

La scoperta del vostro io essenziale arriva dopo aver scavato nei diversi aspetti dell'io presunto: la personalità, la facciata, quel che pensate di essere, quel che volete essere, quel che vi terrorizza essere.

Trovare il vostro vero io significa collegarvi con la

vostra essenza e percepire chiaramente chi siete. Farlo può essere semplice oppure doloroso, a seconda di quanto già siete in contatto con la realtà. Trovare il proprio io è una tappa fondamentale verso il successo perché vi consente di imboccare il percorso che vi guiderà all'appagamento. Perché siete qui? Qual è la vostra missione? Che cosa desiderate che sia la vostra vita? Che contributo volete dare al mondo? Che eredità intendete lasciare? Scoprire il vostro io essenziale vi fa rispondere a tutte queste domande e trovare la vostra vocazione nella vita.

Scoprire il vostro obiettivo

Alcune persone presagiscono il loro avvenire fin dai primissimi anni di vita. Un mio amico racconta che ogni giorno, da bambino, portava a scuola una minuscola valigetta invece della cartella e in una foto delle superiori è l'unico in giacca e cravatta e con un'espressione alquanto seria. Adesso ne ride, ma ammette che fin da giovanissimo ha sempre saputo che sarebbe diventato un «uomo d'affari», anche se a sette anni non aveva idea del significato di questa espressione. Dopo aver studiato economia e finanza con ottimi risultati, oggi questo mio amico è il direttore generale di una società internazionale che opera nel settore della gioielleria.

Altri, invece, e sono la maggioranza, ci mettono anni per sapere dove vogliono arrivare. Sono le persone che, forse come voi, hanno cercato di trovare la loro strada districandosi tra inclinazioni, preferenze, aspettative e paure.

Un esercizio che ho proposto per decenni nelle sessioni di addestramento alla conoscenza interiore si è rivelato un efficacissimo strumento per scoprire gli istinti individuali. Essenzialmente, è una simulazione di sopravvivenza. Cercate di immaginarvi in una situazione di vera emergenza, con risorse minime: naufraghi su un'isola deserta, membri di una spedizione tagliati fuori dal campo base, superstiti di una catastrofe naturale. Non conta quale sia il disastro, conta immaginare di dover superare la crisi. Siete più o meno in venticinque, non ci sono ruoli predefiniti e sta a ciascuno di voi decidere il da farsi. Avete una certa quantità di acqua e viveri a sufficienza per sopravvivere finché non sarà stato elaborato un piano per tornare a casa.

Chiedetevi: che ruolo posso avere? Che cosa mi riesce meglio e più naturalmente in questa situazione? Organizzare, studiare un piano d'azione, delegare o correre in aiuto degli altri? Vi concentrate sulle risorse di ciascuno e organizzate dei gruppi o procedete come se ciascuno fosse responsabile per se stesso? Pensate ai viveri, ai rifugi, agli indumenti? Controllate istintivamente se qualcuno è ferito? Siete interessati al benessere degli altri e cercate di aiutarli?

Ho ottenuto un'infinità di risultati, guidando questo esercizio. Alcuni spontaneamente si prendono cura dei compagni di sventura; altri incominciano a organizzare dei rifornimenti e altri ancora si mettono a studiare la conformazione geografica del luogo, il clima e le risorse naturali. Poi c'è chi tenta di mettersi in comunicazione con l'esterno, chi si preoccupa della sicurezza, chi della serenità psicologica degli altri e chi dell'igiene.

Una donna si è autonominata diarista del gruppo per redigere la cronaca quotidiana di quell'avventura nei minimi dettagli. Scelta molto interessante, perché questa persona, che nella vita reale è una commessa di un negozio di abbigliamento, da sempre nutre la segreta ambizione di diventare giornalista.

Una ragazza ha pensato a un sistema di scambi perché ciascuno possa barattare quel che ha con quel che gli serve. Non a caso, studia economia.

Un uomo si è proposto per costruire ripari e rifugi. Nella vita è un architetto, che si è servito di questo esercizio per avere la certezza di aver scelto la professione giusta.

Un altro ha espresso il desiderio di aiutare chi soffriva per il distacco dai famigliari. Poco dopo, quest'uomo è tornato a scuola per laurearsi in psicologia.

Questo esercizio aiuta a riscoprire se stessi e le aspirazioni reali. Provate anche voi. Assegnatevi un ruolo e, quasi sicuramente, troverete validi indizi sulle vostre naturali inclinazioni.

Trovare la propria strada

«Segui il tuo chiaro di luna interiore.»
ALLEN GINSBERG

La formula per trovare la via dell'appagamento è incredibilmente semplice: seguite le vostre preferenze. Trovate quello che vi rende felici e siate certi che vi darà anche la prosperità. Trovate quello che vi eccita e sappiate che darà energia alle vostre azioni. Scoprite che cosa fa cantare il vostro cuore e credete che saprà creare musica nella vostra esistenza. In altre parole, trovate ciò che è bene per voi e state sicuri che è il cartello indicatore che cercavate.

Seguire il cuore

Teo era un formidabile progettista di giardini. Aveva incominciato a farlo appena compiuti i vent'anni, quando si era dovuto trovare un lavoro part-time per pagarsi il college. Amava il profumo dell'erba tagliata, lo scricchiolio della ghiaia sotto le scarpe, la sfida rappresentata da un terreno spoglio e il piacere sul viso dei clienti quando vedevano la loro proprietà trasformata in un eden suggestivo. Dopo la laurea, secondo le sue intenzioni originarie, Teo intraprese la specializzazione in psicologia, ma a un certo punto si rese conto che la progettazione dei giardini gli mancava moltissimo. Per un anno, dibattuto, Teo rinunciò a trovarsi una qualsiasi occupazione come psicologo e alla fine capì: il suo vero amore non era la psicologia, ma il suo vecchio lavoro. Oggi è un affermato progettista di giardini e ogni sera va a dormire felice, sicuro di aver fatto in cuor suo la scelta più giusta e appagante.

Fin dall'infanzia, Sara amava l'arte e le attività manuali. Sapeva confezionare bellissimi doni per famigliari e amici. Crescendo, mentre continuava a creare graziosissimi oggetti, Sara incominciò a nutrire una passione ugualmente forte per i matrimoni: per lei non esisteva momento più significativo e importante dell'unione di un uomo e una donna davanti a un altare. E venne il momento in cui la sua strada le fu chiara: lei avrebbe creato accessori per matrimoni. Dieci anni dopo l'inizio dell'attività, la sua azienda fatturava un milione di dollari al mese. Niente male!

John vendeva da sempre forniture mediche, ma la sua passione segreta era un'altra: la Borsa. Passava ogni momento disponibile a studiare i listini e l'andamento degli indici. A un certo punto decise che ne sapeva abbastanza, lasciò la sua occupazione e si mise a lavorare nel mondo finanziario. Oggi non è miliardario, ma ha di che vivere con agiatezza e, soprattutto, in serenità.

Come queste, molte passioni sono innate. Altre derivano invece da un evento imprevisto. Candy Lightner ha vissuto una delle esperienze più drammatiche: vedere il proprio figlioletto ucciso da un automobilista ubriaco; da allora ha consacrato la sua vita a prevenire incidenti simili, fondando l'associazione Madri contro la guida in stato di ubriachezza, che ha già contribuito a salvare migliaia di vite.

Alice invece è sopravvissuta a un tumore al seno, un'esperienza già drammatica in sé e peggiorata, per lei come per migliaia di altre donne, dal tipo di rapporto con il mondo ospedaliero; per questo ha deciso di impegnarsi perché medici e infermieri interagissero in modo diverso con i malati di cancro. Oggi Alice guida un'organizzazione composta da donne operate al seno che si occupa di assistere fisicamente, psicologicamente e, se necessario, anche finanziariamente, altre vittime del tumore alla mammella. La sua crisi è diventata la sua missione per la vita.

Ci sono poi persone che devono la loro scelta all'influenza di un'esperienza infantile. Per esempio molti pediatri attribuiscono la loro scelta professionale alle prime esperienze mediche vissute, in positivo o in negativo.

Dave Thomas, il fondatore di *Wendy's*, ha avuto un'infanzia infelice. L'unico ricordo bello di quando era piccolo è legato ai pranzi al ristorante, in cui poteva contemplare le altre famiglie felici a tavola insieme. È per questo che ha deciso di creare quella che oggi è una delle più apprezzate catene di fast food d'America.

Il vostro cuore è la vostra forza vitale e non solo perché pompa il sangue nel vostro corpo: il vostro cuore spiritualmente racchiude la vostra motivazione, ospita l'ispirazione e la passione. È la vostra vera guida al futuro. Seguitene le indicazioni: saprà guidarvi a quel posto al sole che è vostro a pieno diritto.

Che cosa vi dice il vostro cuore?

Siete pronti ad ascoltarlo?

Credete a quello che vi sta dicendo?

Riconoscere le doti innate

Correte come il vento o suonate bene il sax? Siete una cuoca provetta o un fotografo geniale? Avete il pallino dei numeri o un occhio particolare per i colori? Avete propensione per le lingue, sensibilità per i profumi o inclinazione verso le arti mediche?

Le risposte a queste domande sono l'indizio principale per conoscere le vostre qualità e la strada da percorrere. È importante, perché fare quello in cui eccellete è l'ingrediente principale della ricetta del successo.

Avevo venticinque anni quando scoprii che avevo la capacità di far parlare la gente: con me le persone si sentivano talmente a proprio agio da aprirsi e confidarsi. Ma pensavo che fosse normale e alla portata di tutti. Fu una mia carissima amica, Kathy, a farmi capire che il mio era un dono. Lei mi convinse che quasi nessuno sapeva, come me, incoraggiare il dialogo fino a portare le persone a scoprire le loro verità più profonde. Una volta consapevole di questa mia qualità, incominciai a usarla: smisi di negare di essere brava in qualcosa e incominciai a contribuire a migliorare la vita degli altri.

Molte persone, alla domanda: «In che cosa sei bravo?» rispondono: «Non lo so», oppure: «In niente». Questo accade perché sono così vicine alla loro realtà da non poterla considerare obiettivamente. Pensateci un attimo. Conoscete qualcuno che non sia veramente abile in almeno *una* cosa? Ognuno di noi ha qualcosa di unico da offrire, anche se non è pronto ad ammetterlo né con se stesso, né con gli amici più cari né, tanto meno, con il mondo esterno.

La scrittrice Sue Bender fa una giusta considerazione: «Forse i nostri doni naturali ci sfuggono perché sono del tutto ovvi». Se non siete in grado di capire da soli in che cosa valete, chiedetelo a chi vi sta intorno: sarà ben felice di dirvelo.

Avete qualche qualità ignorata, trascurata o negata? Avete scoperto quel che potete dare? E siete pronti a descriverlo sinceramente?

Conoscere i propri bisogni

Ogni persona deve soddisfare esigenze ben precise per poter raggiungere la pienezza dello sviluppo interiore.

Potete avere il lavoro migliore e più pagato del mondo, ma se sentite di preferire qualcosa di meno accattivante e remunerativo, non prospererete. Esattamente come non può finire bene una storia d'amore con la persona sbagliata, non potete aver successo al meglio delle vostre possibilità se vi trovate in situazioni contrastanti con le vostre esigenze intime.

I fattori da considerare quando valutate le vostre esigenze personali sono molti: ambiente, ritmo, livello di tensione, tempo e flessibilità. E, ancora, necessità legate alla dimensione sensoriale, come la vista, l'udito eccetera. Ovviamente è anche una questione di ruoli, in termini di aspirazione a un posto di leader o a uno subordinato.

Talvolta identificare ciò che preferiamo è un processo per tentativi ed errori. Il modo migliore per raggiungere lo scopo è riandare indietro con la memoria e annotarsi tutte le occasioni in cui, nel passato, ci si è sentiti veramente al meglio. Riguardando questi appunti quasi sempre si scoprono delle analogie tra i vari «stati di grazia».

Per esempio, Ben aveva indicato, nell'ordine, questi tre momenti di assoluto benessere: a diciotto anni, quando faceva l'istruttore in un campeggio; a ventidue come maestro di sci e, sorprendentemente, ogni volta che tagliava il prato intorno a casa. Quando riconsiderò le sue annotazioni, non fece fatica a concludere che quel che faceva per lui era un lavoro all'aria aperta.

È da qui che si deve partire per definire come si potrà dare il meglio di sé. Il questionario che segue vi aiuterà a considerare tutti i fattori.

1. Lavorate meglio da soli o in gruppo?
2. Vi piace sperimentare il nuovo o siete per la routine?
3. Apprezzate un orario flessibile o vi trovate meglio con uno schema fisso?

4. Le figure autorevoli (il superiore, la guida) vi riescono gradite oppure ne fareste a meno?
5. Preferite incarichi diversi o sempre dello stesso tipo?
6. Ascoltate le opinioni altrui o seguite il vostro istinto?
7. Rispettare gli orari vi riesce facile o vi causa problemi?
8. Sul lavoro rendete di più al mattino, al pomeriggio o a notte fonda?
9. La stimolazione visiva è importante, per voi?
10. Siete più a vostro agio in un ambiente frenetico o in uno calmo?
11. Sentite di avere più energia all'aperto o al chiuso?
12. Siete più attivi o contemplativi?

Alcune di queste domande considerano le vostre abitudini, altre le vostre preferenze, altre ancora la vostra personalità. Ma tutte sono ugualmente importanti nella valutazione della strada giusta da scegliere. Lavorare nelle condizioni migliori elimina i fattori negativi e interrompe il vostro senso di instabilità.

A vent'anni, quando ancora non sapevo che cosa volevo fare nella vita, trovai un lavoro part-time in una grande industria cosmetica. Chiusa per tutto il giorno da sola in un gabbiotto blindato e senza finestre per ragioni di sicurezza, ricevevo tramite la posta pneumatica denaro contante, che dovevo riporre in cassaforte, per poi compilare tutti i moduli di ricevuta e rispedirli con lo stesso sistema. Io, che amavo stare fra la gente e muovermi, al quarto giorno ero ridotta a una zombi. Non era il lavoro per me e fu mia sorella, che mi conosceva molto bene, a persuadermi ad abbandonarlo. Io lo feci e non me ne sono mai pentita.

Negare le vostre caratteristiche non vi permetterà mai di sentirvi veramente bene e prosperare.

Jody, per esempio, era estremamente sensibile ai rumori e, pur vivendo al diciannovesimo piano di un palazzo di New York, per dormire aveva dovuto far installare vetri antirumore. Come sveglia, invece di una suoneria acuta e penetrante che le avrebbe fatto saltare i nervi, aveva scelto un dispositivo che riproduceva il suono delle onde. Eppure, malgrado tutte queste misure adottate in casa, Jody aveva accettato di lavorare come assistente del direttore di una grande casa discografica. Pur essendo professionalmente ineccepibile si sentiva stressata: costretta a passare la giornata fra gente che ascoltava simultaneamente un numero infinito di stazioni radio ad alto volume, telefoni che non smettevano di squillare e il fax in continuo funzionamento vicino alla scrivania, Jody ogni sera lasciava l'ufficio tesa ed esausta, vittima di feroci emicranie. Chiaramente, non era questa la situazione lavorativa che potesse permetterle di affermarsi al meglio. Alla fine ne parlò con il direttore del personale, che la fece trasferire alla divisione musica classica: là il rumore era decisamente inferiore, i telefoni squillavano molto meno e un accordo comune tra gli impiegati vietava di ascoltare la radio ad alto volume. In quell'ambiente favorevole, le qualità naturali di Jody risaltarono in tutto il loro valore.

Roberto era per natura uno spirito indipendente e non amava il lavoro di gruppo, soprattutto perché non gli piaceva essere frenato dai ritmi e dalle idee altrui. Quando fu aggregato alla divisione creativa di un'agenzia pubblicitaria, cominciarono i problemi: durante le riunioni interrompeva continuamente i colleghi, convinto che l'unica idea valida fosse la sua; quando al gruppo era assegnato un progetto, lui deviava dalle linee prestabilite e creava secondo il suo istinto. In più, si dimostrava sempre meno tollerante verso l'opinione degli altri e non accettava di condividere le responsabilità. Tutto questo nonostante Roberto reprimesse costantemente il suo spirito individualista pur d'affermarsi nel settore. Alla fine, frustrati e delusi, Roberto e il suo capo decisero di comune accordo che quel posto non faceva per lui. L'agenzia però, apprezzando le sue capacità creative, gli offrì un rapporto di tipo collaborativo.

Oggi Roberto lavora in piena serenità, secondo la tabella oraria che gli aggrada e senza i condizionamenti inevitabili in un gruppo.

Determinare che cosa è meglio per voi è parte del sapere chi siete. Una volta che ci sarete riusciti, potrete creare la situazione ideale per soddisfarvi e raggiungere la vetta.

Seguire l'istinto

Quando incontro gli studenti dei college, mi rendo conto dalle domande che mi fanno sul loro futuro professionale che questi ragazzi hanno una precisa sensazione di quello che amano e vorrebbero fare, ma sono spaventati dall'idea di seguire le loro inclinazioni; oppure, spesso, hanno così tanti interessi che si sentono sopraffatti e hanno paura di fare la scelta sbagliata. È come se chiedessero il mio parere per sentirsi autorizzati a credere in se stessi. Sotto le domande specifiche sul lavoro («Mi sento portata all'insegnamento. Crede che dovrei farlo?» «Mi piace comporre musica, ma non so quale genere mi è più congeniale, se l'hip-hop o il jazz. Che ne pensa?») intuisco un altro interrogativo: *Non voglio sbagliare. Ho paura di sbagliare e di perdere il mio tempo. Può farmi sentire più sicuro nella mia scelta?*

Questi ragazzi hanno paura di credere in se stessi.

Da dove vengono le paure

La paura non è un istinto innato; è un comportamento che si apprende, quando ci si sente inadeguati, in pericolo o insoddisfatti nei propri bisogni. La paura si impara quando ci si sente soli e incapaci di prenderci cura di noi stessi. Quando si cresce, il mondo ci insegna subdolamente a dubitare del nostro istinto e mette in discussione le nostre doti e noi smettiamo di crederci. Quando le cose non vanno secondo le previsioni, si incomincia a dubitare di sé. A quel punto la fiducia in se stessi può iniziare a vacillare, perché tutti vorremmo fare le scelte giuste e possibilmente senza errori.

Gli studenti che incontro hanno di fronte un mondo dove la situazione occupazionale è soggetta a continui cambiamenti, quasi mai positivi, con persone che cambiano frequentemente attività, famigliari che dopo decenni di impegno professionale si ritrovano disoccupati, aziende che chiudono, vengono assorbite, si ridimensionano, licenziano. Chi si affaccia al mondo del lavoro si sente chiedere che cosa ha da offrire e, giustamente, si chiede che cosa gli sarà dato in cambio. Alla luce di tutto questo, io non posso impedire a questi ragazzi di essere apprensivi sul loro futuro, ma posso ricordare loro che l'unico elemento su cui potranno contare in questo mondo che cambia è il loro io. Tenerlo presente è la via più diretta verso la fiducia in se stessi.

Paura e fiducia

Fiducia e paura sono antitetiche. Dove c'è l'una, l'altra è bloccata o assente Se avete paura, non potrete fidarvi delle vostre scelte. Ma se confidate in voi, le vostre scelte non potranno mai spaventarvi.

La fiducia vi conferma che volete agire, che siete pronti per farlo, anche se non avete garanzie sui risultati.

La paura si insinua quando dubitate di voi, quando vi preoccupate di quello che potrebbe andar storto, quando vi concentrate sui possibili risultati negativi. La paura è in agguato al margine della vostra coscienza, pronta a farsi strada se solo le lancerete un minimo invito a entrare. Per bloccarla dovete restare saldamente radicati nella fiducia in voi stessi.

Se sentite che state cedendo alla paura, dovreste cercare di rimettervi in sintonia con la vostra parte più intima, con qualsiasi metodo o tecnica vi riesca agevole: la meditazione, una passeggiata, una chiacchierata con un amico fidato, un'attività che amate. Se vi ricordate delle vostre qualità e del vostro talento inimitabili e ci credete, vedrete la paura svanire in fretta come è arrivata.

Scelte giuste e scelte sbagliate

Spesso non capiamo o dimentichiamo che non esistono errori, ma soltanto lezioni. Questa verità è particolarmente difficile da comprendere per studenti in procinto di affrontare la prima grande decisione della loro vita. Appagamento non significa fare qualcosa in modo perfetto, ma scegliere consapevolmente e mettere in pratica la scelta.

Ma come si fa a sapere quali sono le scelte giuste e quelle sbagliate?

Non si può. Si deve scegliere quel che al momento sembra giusto e metterlo in pratica fino al successo o alle lezioni che ce ne verranno. Sulla strada verso la vostra destinazione finale, avrete sicuramente modo di imparare su di voi, sugli altri e sulla vita in genere. A un certo punto vi potrà capitare di correggere parte del vostro itinerario o di cambiare completamente strada. Questo però non significherà che avete fatto una scelta sbagliata all'inizio o che avete fallito in seguito, ma, piuttosto, che una volta in possesso di un numero maggiore di informazioni avete consapevolmente modificato il vostro piano originario.

Audrey si lamentava di essere una fallita. Quando le chiesi perché, mi rispose che a trentacinque anni si sentiva ancora confusa, instabile e senza un'occupazione fissa. Allora le chiesi di elencare tutti i lavori che aveva fatto, dal primo, baby-sitter, fino all'attuale, assistente amministrativa, e di dirmi i pro e i contro di ognuno.

Mentre parlava, presi molti appunti e alla fine, rileggendoli, commentai: «Ma qui non vedo niente che possa anche lontanamente far pensare a un fallimento. Ho ascoltato la storia di una persona che ha imparato molto in campi diversi. Lei si ferma in un posto abbastanza a lungo da imparare quel che può imparare e dopo lo lascia. Tutto qui. Non è fallire, questo!»

Audrey mi guardò stupita. Sapeva che avevo ragione, ma non aveva mai considerato la sua vita in questa prospettiva.

Adesso comprendeva che si trattava solo di scelte. La questione era: di queste scelte Audrey preferiva cogliere gli aspetti positivi o quelli negativi?

Non esistono errori inutili. Le «svolte sbagliate» nella vita sono soltanto opportunità di vedere cose che non avremmo visto restando sulla strada iniziale. Quando credete in voi stessi e nella vostra capacità di perseverare e superare gli ostacoli, scegliere la vostra strada vi sembrerà molto più semplice.

Cambiare direzione

«Lasciate che la vostra anima resti calma e composta davanti a un milione di universi.»

WALT WHITMAN

Negli anni ho aiutato migliaia di persone che mi confessavano con le lacrime agli occhi di aver scelto la strada sbagliata. Moltissime si sono perse in interminabili elencazioni di inclinazioni frustrate, di catene dorate, di aspettative altrui e della segreta consapevolezza di non sentirsi a proprio agio.

Molti conoscono già la loro verità. Sanno che cosa li farebbe felici, ma hanno una grande paura di accettarlo, per insicurezza o per pressioni esterne.

Il nocciolo di tutte queste storie è la necessità di accettarsi per quello che si è realmente.

Le aspettative altrui

A trentaquattro anni, Josh era un abilissimo avvocato, abituato a lavorare sodo. Esercitava da dieci anni quando venne da me e mi confessò: «Odio il mio lavoro. Come avvocato mi sento infelice e detesto tutto il sistema legale in generale». Mi disse anche che ormai si sentiva ogni giorno più depresso. Quando gli chiesi perché avesse deciso di fare l'avvocato, rispose che era stato per suo padre, un legale molto noto nell'ufficio del procuratore distrettuale: Josh voleva disperatamente la sua approvazione e per non deluderlo aveva abbracciato la sua stessa professione.

Quando indagai un po' più in profondità e gli chiesi che cosa gli piacesse davvero fare, rispose: «Il lavoro manuale. Trafficare con gli ingranaggi, costruire! Biciclette e moto, soprattutto. Adoro l'unto e l'odore dell'olio sulle mani!»

La cosa mi meravigliò molto, ma cercai di nasconderlo. Non è importante che un uomo spenda dieci anni di vita facendo qualcosa che non ama solo per guadagnarsi l'approvazione di un altro?

Era curioso, sì, ma non stupefacente. E infatti succede ogni giorno.

La chiave che apre la prigione delle aspettative altrui è la volontà di dire la verità a voi stessi, alla vostra famiglia, agli amici e al mondo intero. Se volete stare al posto di guida della vostra vita, non dovete permettere agli altri di imporvi una strada, perché sareste relegati al ruolo passivo del passeggero. Scegliete voi che cosa volete essere.

Liberarsi dei «negaolisti»

I negaolisti esistono. Sono i Signori No che recitano i mantra del *Non si può*, *Non si deve*, *Non funzio-*

na, È impossibile. Sono le persone che fanno parte della vostra vita e vi incoraggiano a starvene al sicuro nel vostro angolino e proiettano le loro aspettative su di voi. Costoro nutrono la convinzione di essere realisti e di salvarvi dalle delusioni, ma in realtà sono contro ogni tipo di rischio. Le loro intenzioni possono anche essere buone, ma inconsciamente vi tolgono la possibilità di usare come guida il vostro istinto.

Dovete diventare abbastanza forti da affrontarli, quando attaccano il vostro sogno. La lista che segue rappresenta una sorta di programma di fitness mentale, da mettere in pratica per imparare a stabilizzarsi sulle proprie convinzioni.

1. Appendete frasi incoraggianti per tutta la casa. Leggerle vi predisporrà a crederci.
2. Leggete biografie di persone che hanno saputo affrontare e superare un'avversità. Due o tre pagine per sera, prima di dormire, per ispirarvi.
3. Circondatevi solo di persone che credono in voi. Se scoprite dei negaolisti, informateli dei vostri desideri e chiedete di adeguare il loro atteggiamento, oppure eliminateli dalla vostra vita.
4. Formate una squadra di sostenitori e organizzatela. Fate in modo che vi ricordino ogni giorno il vostro traguardo e vi incoraggino a perseguirlo.

5. Mettete per iscritto il vostro obiettivo nella vita e rileggetelo ogni mattina al risveglio, per programmare la giornata.
6. Prevenite gli attacchi di negatività e preparatevi ad affrontarli quando si presenteranno. Che cosa direte? Come risponderete? Questo esercizio vi aiuta a reagire con prontezza e a non farvi trovare impreparati. Che cosa direte a voi stessi per non perdere di vista il vostro obiettivo?

Prendete esempio dalla vicenda di Josh. Quando decise di abbandonare l'avvocatura e di imparare di più sul mondo delle due ruote, incominciò ad attaccare sugli specchi di casa bigliettini con affermazioni positive: «Posso farcela!» «È importante fare quello che amo io, non quello che ama mio padre». Questo gli servì molto per aumentare la propria fiducia in se stesso. Inoltre raccolse biografie di personaggi che ammirava, come i fratelli Wright, che contro ogni evidenza avevano messo le ali all'uomo e creduto nell'impossibile, e Lance Armstrong, il campione americano di ciclismo guarito dal cancro malgrado avesse solo il trenta per cento di probabilità di salvarsi e che nel 1999 si è anche aggiudicato il Tour de France. Questi libri gli diedero l'ispirazione necessaria.

Josh parlò poi con gli amici più cari dei suoi programmi e chiese loro di considerarli seriamente. Domandò anche alla sua ragazza, Lisa, di ripetergli spesso ciò che una volta gli aveva detto: che lo amava *qualunque cosa egli facesse nella vita.*

Poi mise per iscritto le sue aspirazioni e lesse quelle righe ogni mattina per rafforzare la sua determinazione.

Infine, e questa era la cosa più importante nel suo caso, si allenò per quando avrebbe dovuto affrontare la contrarietà e la disapprovazione del padre. Ogni volta che suo padre avesse parlato del denaro speso per fargli studiare legge e di carriere «rispettabili», Josh avrebbe fatto un profondo respiro e avrebbe risposto: «Tu hai il tuo punto di vista e io lo rispetto. Ma anch'io ho bisogno che si rispettino le mie aspirazioni e spero che lo farai!» Egli si sarebbe anche ricordato mentalmente che suo padre aveva solo cercato di dimostrargli amore, anche se attraverso il controllo sulla sua vita, e che gli era grato di tante premure.

Due anni dopo che aveva lasciato l'avvocatura e seguito la sua strada, chiesi a Josh come andava tra lui e il padre. Con un ghigno soddisfatto, lui mi raccontò di avergli regalato una mountain bike ad alta tecnologia per il suo ultimo compleanno e di uscire in bicicletta con lui ogni domenica. E ogni volta che incontrano qualcuno che ha un guasto o un problema alla bici, il padre di Josh è il primo a fermarsi per offrire i servigi del figlio e il suo biglietto da visita di meccanico ciclista.

Le catene dorate

Paul venne da me perché si sentiva infelice. Vicepresidente di una banca, guadagnava milioni di dollari all'anno, possedeva una casa immensa, quattro auto e una collezione d'arte di ingente valore; inoltre godeva di numerosi vantaggi, compreso l'uso dell'appartamento di rappresentanza della banca in Giamaica e la berlina con autista per recarsi al lavoro. Paul aveva tutto e sentiva di non avere il diritto di essere infelice. Eppure, lo era. Ogni mattina si svegliava sempre più depresso e tirava sera con la sensazione che qualcosa della sua vita gli stesse sfuggendo, ma senza riuscire a capire che cosa. Quando gli chiesi se per caso non volesse dedicarsi a qualcos'altro, rispose con decisione che non ci pensava nemmeno, perché il cambio di lavoro non gli avrebbe permesso di mantenere l'attuale elevatissimo tenore di vita. «Ho troppe responsabilità e conti da pagare per cambiare lavoro!»

«Forse», gli risposi. «Ma a che cosa servono la casa sfarzosa, le auto di lusso e il country club se non la rendono felice?»

Paul era prigioniero delle catene dorate. Non osava nemmeno *immaginarsi* di fare altro o di prendere il controllo della situazione. Era così attaccato al suo stile di vita che trascurava di verificare il suo stato di benessere interiore.

Alla fine, però, saltò fuori che c'era qualcosa che Paul avrebbe voluto essere, invece che un banchiere: un mercante d'arte. Egli amava la sua collezione e riteneva di avere gusto e intuito per i nuovi talenti. Pochi mesi dopo, Paul tornò da me per discutere del cambiamento. Per farlo aveva dovuto aspettare che la sua insoddisfazione pesasse più del benessere materiale di cui godeva. Sono passati nove anni da quel giorno e Paul è un mercante d'arte di successo, che riesce praticamente a guadagnare quasi quanto prima. Con la differenza che adesso il denaro che guadagna gli dà gioia e non lo fa sentire in gabbia.

È per caso il vostro tenore di vita a tenervi legati a una via che non è la vostra? Se è così, l'unica soluzione è avere il coraggio di spezzare le catene e accettare la sfida di una nuova possibilità. Non è facile, ma nessuno ha mai detto che arrivare all'appagamento lo sia.

Abbiate fiducia nel fatto di poter ricostruire quello che avete già costruito una volta. Se siete abbastanza abili e determinati per vivere nell'agiatezza facendo qualcosa che non amate, immaginate che cosa potreste realizzare facendo qualcosa che vi piace.

Le possibilità sono infinite!

Uscire dalla routine

Molto spesso le persone sono intrappolate nella rete dell'insoddisfazione. Si lamentano della loro vita, ma non fanno niente per cambiarla. Tutti conosciamo qualcuno che è convinto di non poter fare niente per migliorarsi o mutare la sua condizione. Persone che dicono: «È troppo tardi per ricominciare da capo!» «Non posso guadagnare meno!» «Ormai ho troppi debiti per cambiare qualcosa!» possono non esserne consce, ma sono sprofondate nella negatività.

Voi sentite il rimorso che vi rode per come vi state buttando via. Voi sapete quando nella vostra vita qualcosa si smarrisce. E sapendolo avete due possibilità: ignorare il problema, restando radicati nella vostra meschinità, oppure cambiare le cose.

La strada per liberarsi dalla rete dell'insoddisfazione incomincia con il coraggio di ammettere la verità con voi stessi. Una volta fatto questo, vi restano quattro passi da compiere verso la creazione di un cambiamento. I passi sono: scelta (scegliere di liberare il vostro vero io), strategia (elaborare un piano realizzabile), impegno (lanciarsi nell'azione) e celebrazione (premiarsi per il successo).

L'elemento trainante per farvi uscire dalla routine è la volontà. Senza di essa, non potrete mai radunare le energie e la creatività che vi servono per cambiare vita.

Volete cambiare in meglio o vi sta bene restare dove siete ora? Ricordate che quel che fate della vostra vita dipende da voi.

Credere in se stessi

«Niente è più sacro dell'integrità della mente.»
RALPH WALDO EMERSON

Quando credete in voi stessi, siete in grado di operare autentiche scelte. Credere in voi stessi vi permette di agire con decisione, di aver fiducia nelle vostre idee e nelle vostre capacità, di sapere istintivamente che quello che farete è giusto per voi.

Moltissimi dei grandi protagonisti del nostro tempo sono stati bollati come folli per la grandezza delle loro visioni. La celebre aviatrice Amelia Earhart fu schernita per aver semplicemente suggerito che una donna potesse pilotare bene quanto un uomo. Gran parte delle idee di Thomas Edison sono state considerate ridicole, se non impossibili. Quando Katherine Graham, la leggendaria editrice che pubblicò i servizi sullo scandalo Watergate di Woodward e Bernstein, prese le redini del *Washington Post*, si disse che avrebbe fallito. Tutte queste persone condividono una profonda fede in ciò che hanno progettato e il coraggio di credere in se stesse. Hanno avuto la volontà di seguire a ogni costo e malgrado tutto i segnali del loro radar interiore.

La sola differenza con voi è che le loro ambizioni si sono già compiute, mentre le vostre sono in cantiere. Tutti abbiamo un potenziale di grandezza, anche voi. Per accedervi, basta ritornare alla sorgente della grandezza: la fiducia.

La fiducia

La fiducia è fede interiore. È quella sensazione di profonda sicurezza che provate quando state portando a termine qualcosa che vi siete prefissi. È l'unica potente sensazione che risulta dalla consapevolezza di poter contare su se stessi. Tutti ne possediamo; è parte integrante della natura umana. È grazie alla fiducia innata che i bambini sono così assolutamente sicuri di loro stessi e privi di esitazioni nelle loro prime esperienze. Ma quando incominciano i vari *No!*, *Non toccare!*, *Sei troppo piccolo!*, *Non essere ridico-*

lo!, la vita ci insegna che esistono realtà che vanno oltre le nostre capacità. Nel tempo in cui maturiamo come adulti, la nostra fiducia interiore può diminuire al punto che risulta difficoltoso attingervi.

E allora, come ritrovare la propria strada?

Due sono le vie: l'introspezione e una sollecitazione esterna. Socrate credeva nel potere della conoscenza di sé, mentre Aristotele credeva che per crescere e imparare fosse necessaria un'impronta esterna. Entrambi erano nel giusto, perché Socrate si occupava dell'anima e Aristotele della mente.

Per rafforzare la conoscenza interiore, occorrono piccoli successi che reintegrino ciò che è andato distrutto. Immaginate che il vostro compito sia costruire una casa. Un compito difficile se affrontato per la prima volta e, quindi, senza fiducia nelle vostre capacità. Il segreto è incominciare con qualcosa di piccolo, come posare il primo mattone. Quando ci siete riusciti, ecco un barlume di fiducia. Il secondo, il terzo e il quarto mattone l'accresceranno ulteriormente e allora incomincerete a inglobare questo slancio nella sensazione di *Posso farlo*. Prima di rendervene conto, non avrete solo posato i mattoni, ma anche costruito la casa. Per aumentare il senso di appagamento derivato da queste prime realizzazioni, avrete anche bisogno di aiuto e motivazione dall'esterno. Come suggerisce Aristotele, guardatevi intorno. Osservate quanti hanno avuto successo prima di voi e traetene forza e fiducia. Imparate dalle loro azioni come dai loro errori. Prendeteli a esempio e misuratevi su di loro.

Nicholas era uno sceneggiatore che però non era mai riuscito a vendere nessun lavoro. Per due anni visse solo dei suoi risparmi e continuò a inviare proposte ad agenti e produttori, mentre alla sera studiava e perfezionava la sua abilità di scrittore. Alla fine del primo anno, amici e famigliari incominciarono a chiedergli quanto sarebbe durato questo «esperimento sulla creatività». Quando poi si arrivò alla fine del secondo anno, molti di loro gli dissero che era pazzo a continuare con quei tentativi e lo incoraggiarono a trovarsi un lavoro ben pagato. Ma Nicholas rifiutò e si ostinò a continuare finché non si fosse realizzato il suo sogno. Lui *sentiva* che un giorno sarebbe riuscito a vendere una delle sue sceneggiature. Nicholas credeva nel proprio talento come nella sua abilità di proporsi e di imparare dagli sbagli del passato.

Quando sentiva insorgere in sé gli inevitabili dubbi, pensava a storie di successo come quella di James Cameron, il regista di *Titanic*, che aveva voluto portare a termine il suo progetto anche se tutta Hollywood pensava che fosse pazzo a investire tanti milioni di dollari in una storia di cui tutti conoscevano già la fine. Ogni volta che i negaolisti o i dubbi interiori lo insidiavano, Nicholas ricordava a se stesso (e a loro) che *Titanic*, il più grosso successo cinematografico di tutti i tempi, non sarebbe mai arrivato sullo schermo se non fosse stato per la fiducia e la perseveranza del suo regista. La storia ha un lieto fine, perché Nicholas è riuscito a vendere (e molto bene) una delle sue sceneggiature e un grande studio di produzione ci sta lavorando per ricavarne un film.

Nella vita non ci sono garanzie. Nicholas forse non avrebbe mai venduto nulla ma non l'avrebbe mai saputo se non si fosse concesso una possibilità. Se credete in voi stessi, spontaneamente mettete tutta la vostra energia nella vostra scelta. Le possibilità di successo si moltiplicheranno e vedrete un grande ritorno del vostro investimento in tempo, energia, sforzo e capitale.

Dentro ciascuno di noi c'è un DNA spirituale, un codice che descrive le nostre forze, inclinazioni, preferenze e passioni. Questo DNA spirituale deve essere decodificato se vogliamo raggiungere i nostri obiettivi. La sfida da affrontare, per ciascuno di noi, è scoprire il sentiero riservato a noi soltanto e credere in noi stessi. Quando avete fiducia in voi stessi, scoprite la vostra verità. Quando credete a questa verità, potete vedere la vostra vera strada. Seguirla vi guiderà al successo.

Regola Quattro

Il successo è una scala, ogni gradino è un obiettivo

Il viaggio verso il successo è accelerato dai traguardi che tagliamo lungo il percorso.

Il vostro sentiero verso la realizzazione è tracciato dai vostri sogni, lastricato dalle vostre doti e dalle vostre naturali inclinazioni e costruito dalla vostra determinazione. A spingervi in avanti sono gli obiettivi raggiunti lungo la via. Ognuno di essi segna un progresso nel viaggio verso la realizzazione. Gli obiettivi determinano la vostra direzione, sono il *dove* che potete identificare dalla vantaggiosa posizione del *qui*. Tra dove siete e dove volete arrivare c'è un filo invisibile, sul quale l'energia scorre non appena definite la direzione. La promessa della realizzazione dei vostri obiettivi è ciò che crea la tensione dinamica verso il loro compimento.

Tutti abbiamo delle visioni su quel che vogliamo compiere, conquistare o raggiungere, immagini di come vorremmo che fosse la nostra vita. A trasformarle in realtà è la voglia di tradurle in obiettivi reali. In questo modo, incominciate a progettare la corsa che vi porterà a realizzare i vostri sogni.

Il potere degli obiettivi

«Non ho mai conosciuto nulla di più incoraggiante dell'indiscutibile abilità dell'uomo di migliorare la propria esistenza con uno sforzo consapevole.»

HENRY DAVID THOREAU

L'espressione «prefissarsi un obiettivo» oggi è piuttosto abusata nel settore della consulenza psicologica, ma effettivamente è ancora il metodo più concreto per portare le persone alla realizzazione.

Con i miei clienti e anche con me stessa uso questa tecnica da almeno trent'anni e posso assicurare che funziona.

Funziona perché vi fa articolare intenti e desideri con precisione e dà abbastanza coraggio da fissare una scadenza temporale. Tutte le persone che ho aiutato sulla via del successo hanno incominciato il loro processo di affermazione ponendosi una serie di obiettivi. Senza questi, io non avrei mai saputo aiutarle né loro avrebbero saputo che passi fare e quando farli.

Essi sono pietre miliari lungo il cammino che vi motivano fino a portarvi al traguardo. Non conta quanto siano grandi: possono essere minimi o considerevoli, l'importante è la loro strategia.

Senza obiettivi, ci si trova a sperare che le cose accadano: per caso, per buona fortuna, per magia...

Guardare le stelle cadenti può essere un modo suggestivo per sperare di vedere realizzati i propri sogni, ma difficilmente è anche un modo affidabile. Come diceva Benjamin Franklin: «Morirà presto, chi vive di speranza».

Raggiungere gli obiettivi non solo vi motiverà, ma vi terrà anche concentrati sul percorso, impedendovi di deviare. Il mio amico David Campbell dice: «Se non sai dove stai andando, probabilmente finirai da qualche altra parte».

Come potete sapere dove state andando, se non avete una destinazione precisa?

Progetti e obiettivi

«I sogni diventano azione, dall'azione deriva ancora il sogno e questa interdipendenza genera la più elevata forma di vita.»

ANAÏS NIN

Quando chiedo alle persone di descrivermi i loro obiettivi, rispondono di solito: «Felicità», «Salute», «Un sacco di soldi», «Un amore meraviglioso». Questi però non sono obiettivi, sono soltanto generalizzazioni della loro visione. Sono intenzioni, desideri, sogni. Eppure tutti si stupiscono, quando lo faccio notare. Visioni e obiettivi sono cugini primi. Appartengono alla stessa famiglia, ma hanno caratteristiche completamente diverse. In comune mantengono l'espressione ottimistica dei desideri e dei sogni delle persone, eppure la differenza tra loro è enorme, perché le visioni sono generiche e gli obiettivi specifici. Le visioni sono sublimi ma vaghe espressioni di un desiderio, collocate in un futuro indefinito: *Un giorno o l'altro...*

Gli obiettivi invece sono tangibili, definiti, specifici, realistici e misurabili e impongono risultati certi. Aiutano a valutare i progressi e forniscono la base per determinare il punto in cui concentrare gli sforzi. Gli obiettivi trasformano *Un giorno o l'altro...* in *Oggi*.

Le visioni, insomma, sono la tela e gli obiettivi i pennelli con cui dipingere il quadro della vostra vita.

Un esempio. Anna amava molto sciare e il suo sogno era possedere uno chalet in montagna. Era quello il suo «imperativo» nel piano generale della vita. Eppure, gli inverni si succedevano e Anna non realizzava mai il suo sogno. Che cosa avrebbe dovuto fare? Quali obiettivi l'avrebbero aiutata? Per prima cosa avrebbe dovuto pianificare come e quanto risparmiare per accantonare il denaro necessario all'acquisto della casa: o, se economicamente non aveva problemi, avrebbe dovuto fissarsi degli impegni, per esempio incontrare almeno tre consulenti finanziari entro l'inizio della nuova stagione. Ma le sarebbe anche bastato un obiettivo minimo, per esempio decidere in quale località comprarsi la casa.

Il punto è stabilire un traguardo definito e specifico che potete raggiungere.

Mike aveva un sogno comune a molti: diventare ricco. Fin da piccolo, sognava conti in banca a nove zeri, macchine di lusso, una sontuosa villa con piscina e armadi pieni di abiti firmati, ma la sua realtà era ben diversa: un modesto bilocale, un'auto di media cilindrata in leasing, abiti comprati ai saldi nel negozio di abbigliamento maschile del paese e un conto in banca irrilevante. Per realizzare il suo sogno, avrebbe dovuto porsi degli obiettivi concreti, per esempio ottenere un aumento e stilare un programma di investimenti e risparmi, oppure trovare un lavoro migliore.

Per capire meglio la differenza tra sogno e obiettivo, osservate la tabella nella pagina accanto. Quali dei vostri sogni siete potete trasformare in realtà procedendo per obiettivi? Può essere uno di questi oppure un altro. È possibile che voi lo conosciate già. Se invece non è così, ecco un indizio: è l'unico che vi sussurra nei momenti di calma, l'unico che vi eccita e, forse, l'unico che avete troppa paura di ammettere con voi stessi. È l'unica visione già sulla pista, pronta a decollare non appena il vostro radar interiore la intercetterà.

Stabilire gli obiettivi

«Illuminate il domani con l'oggi.»

Elizabeth Barrett Browning

Stabilire degli obiettivi vi dà due considerevoli vantaggi: un senso di causalità e segnali precisi per illuminare il vostro cammino. Farlo può sembrare semplice, eppure per molti diventa una sfida. È possibile che fissarsi un obiettivo faccia intravedere la possibilità di deludere se stessi o qualcun altro, quindi si tende a evitarlo. Dopo tutto, non si può fallire se non si è mai deciso che cosa conquistare.

SOGNO	OBIETTIVO
•*Vivere in una città d'arte.*	•Trasferirsi entro due anni a Firenze.
•*Diventare un big dell'industria.*	•Essere citato sul *Wall Street Journal* entro i prossimi cinque anni.
•*Sposarsi.*	•Allacciare non oltre San Valentino una relazione appagante e durevole con una persona che mi piaccia veramente.
•*Tornare in forma.*	•Perdere i chili di troppo entro il 15 giugno.
•*Essere economicamente indipendente.*	•Non avere più debiti e investire un terzo dello stipendio entro tre anni.
•*Trovare un lavoro migliore.*	•Impegnarmi attivamente per fare quello che amo senza rinunciare al mio stile di vita entro il prossimo compleanno.
•*Mettersi in proprio.*	•Valutare tutte le proposte di franchising e sceglierne una entro la fine dell'anno.
•*Lavorare con i bambini.*	•Fare volontariato in pediatria.
•*Scrivere un libro.*	•Creare un abbozzo di romanzo entro l'autunno e proporlo agli editori.

La sindrome di «Adesso no»

Una delle cose che clienti e amici amano e al tempo stesso odiano di me è che, quando parlano di un loro sogno, io chiedo immediatamente: «Ti impegnerai per realizzarlo?»

Un giorno la mia amica Dolores mi disse che le sarebbe piaciuto veramente avere un'auto sportiva.

«Quando la comprerai?» chiesi.

«Oh, non so. Un giorno!»

«Sì, ma quando?»

«Quando potrò permettermela.»

«E quando sarà?» la incoraggiai.

Lei decise di sfidare la mia ostinazione: «Al momento giusto!»

«Ma, idealmente, quando?» incalzai (non sono tipo da arrendermi facilmente, in certi casi!).

«Oh, insomma! Non lo so!» sbottò Dolores. «Adesso no, ma un giorno sicuramente!»

A quel punto le chiesi che stato d'animo le procurasse la faccenda e lei rispose: «Mi sento sotto pressione!»

«Perché?»

«Perché so di volere un'auto sportiva, ma non voglio impormi un termine preciso per l'acquisto!»

«Come mai?»

«Perché ci sono in ballo un sacco di cose!»

Capivo che eravamo arrivate a un punto cruciale, per cui continuai. «Dimmene qualcuna!»

«Per cominciare, io mi vedo in viaggio con la macchina sportiva verso la casa di campagna. Solo che io non ho una casa di campagna. In più, so che queste auto costano molto e io, semplicemente, non posso permettermene una. Insomma, senza la casa e senza i soldi per l'auto, mi sembra stupido fissarmi un termine!»

Ascoltandola, pensai alle migliaia di miei clienti che avevano ammesso di non volersi porre una meta solo perché non avevano il denaro sufficiente per raggiungerla, così misi Dolores a parte di un segreto: il fatto di fissare un obiettivo è significativo di per sé, ma non significa realizzarlo. È come piantare un seme: voi lo mettete a dimora, lo innaffiate, lo esponete alla luce, lo concimate; un giorno da quel seme spunterà un germoglio e poi, continuando con le cure, una pianta rigogliosa carica di fiori o di frutti. Non basta piantare il seme e stare ad aspettare.

Questo per Dolores fu illuminante. Lei aveva sempre pensato che dire: «Adesso no, un giorno», fosse giusto e realistico, ma non aveva idea di cadere in un circolo vizioso di autosabotaggio.

La sindrome di *Adesso no* è molto diffusa. Ne soffrono le persone che hanno paura di fallire un obiettivo prefissato ma anche quelle che temono ciò che vogliono. Può sembrare bizzarro, ma è così.

La sindrome di *Adesso no* si manifesta quando i vostri sogni non sono proporzionati alla vostra vita attuale. Non si fa un viaggio in Cina con due spiccioli e non si diventa amministratore delegato quando si è freschi di laurea.

C'è un tempo per ogni cosa, ma l'importante è sapere quando darsi un termine nel futuro, per rendere l'obiettivo concreto, invece di rinviarlo per paura. Se c'è un sogno di cui rimandate la realizzazione, chiedetevi che cosa c'è di stabile e definito nella vostra vita. Se il risultato è un interminabile elenco di giustificazioni invece che di fatti motivati e realistici, avete la vostra risposta: è tempo di uscire dalla sindrome di *Adesso no* e di dare dei termini realistici a questi vostri sogni.

La Verifica

Nella tabella a p. 85, avrete visto che tutti gli obiettivi hanno cinque caratteristiche: sono *specifici*, *misurabili*, *raggiungibili*, *realistici e databili*. Se un obiettivo non ha queste cinque caratteristiche non è un obiettivo, è una visione.

Per trasformare i desideri in obiettivi, sottoponeteli alla Verifica, ovvero controllate se rispondono ai cinque criteri fondamentali.

1. *Il vostro obiettivo è specifico?* Perché lo sia, dovete chiarire con precisione che cosa intendete fare e che cosa *esattamente* volete raggiungere. Per esempio, se volete far carriera in azienda dovete decidere a quale incarico mirate: direttore generale? Se invece intendete giocare a basket (come un partecipante a un mio recente seminario), dovete capire in che ruolo e a quale squadra vorreste essere in forza.

2. *Il vostro obiettivo è misurabile?* In qualche modo l'obiettivo va fissato, segnato. Nella prima situazione, quella della carriera, il punto di riferimento potrebbe essere la vostra candidatura all'incarico di direttore generale da parte del consiglio di amministrazione. Nella seconda, il vostro ingaggio da parte della squadra preferita.

3. *Il vostro obiettivo è raggiungibile?* Si accorda con il vostro profilo personale? Esistono ostacoli insormontabili? Se siete alti un metro e cinquanta, non potete diventare giocatore di basket. Se la vostra società esige che tutti i massimi dirigenti siano laureati e voi non lo siete, non potete diventare direttore ge-

nerale. In altri termini, l'obiettivo deve essere in sintonia con le vostre possibilità.

4. *Il vostro obiettivo è realistico?* In altre parole, ha un senso? Ha un senso giocare a basket se le ginocchia non reggono? Ha un senso voler diventare direttore generale se questo significa trasferirsi a migliaia di chilometri, forse in un altro continente e abbandonare i vostri genitori anziani e bisognosi di cure? La linea di confine tra puntare in alto e perdere il contatto con la realtà è molto sottile. Un ottimo sistema, per capire se il vostro obiettivo è realistico, è considerare come lo proponete a voi stessi o agli altri: se siete sulla difensiva, probabilmente l'obiettivo manca di realismo.

Molte persone, però, sono in grado di sfidare la realtà e realizzare obiettivi in apparenza del tutto utopistici. Ha del miracoloso che Anne Sullivan sia riuscita a far comunicare con il mondo la piccola Helen Keller, cieca e sordomuta. Se in cuor vostro credete fermamente di poter fare dei miracoli, allora, malgrado tutto, raggiungerete traguardi eccezionali. Solo voi potete dire se il vostro obiettivo è realistico, in base alla vostra capacità di impegnarvi e di non perdere di vista l'obiettivo, qualunque esso sia.

Rudy Ruettiger è un esempio di impegno per arrivare a ciò che è apparentemente impossibile. Basso, esile, povero e con voti scolastici non buoni, voleva giocare a rugby con la squadra del Notre Dame. Niente di più irrealistico. Eppure Rudy non si arrese mai: imparò a superare i problemi dovuti alla sua dislessia e insisté negli allenamenti atletici. Alla fine fu ammesso, ottenne una borsa di studio e riuscì davvero a scendere in campo con la sua squadra. La sua storia di dedizione assoluta a un obiettivo completamente irrealistico ha ispirato un libro e un film.

Se pensate che possa essere così anche per voi, non mollate. Se invece preferite porvi degli obiettivi realistici, allora verificate sempre che lo siano.

5. *Il vostro obiettivo è databile con precisione?* Ogni obiettivo deve essere legato a un preciso riferimento temporale. Senza un termine temporale preciso il risultato desiderato tende a diventare un'intenzione più che un obiettivo, perché è sottoposto all'eterna promessa dell'«Un giorno...» e bloccato dalla sindrome di *Adesso no*. Per esempio, se intendete diventare direttore generale, ma non specificate quando programmate di arrivare a quella carica, il processo può trascinarsi all'infinito. E quanto al basket, rimandando all'infinito potreste anche scoprire un bel giorno che è tardi: non mi risulta che esistano giocatori ultrasessantenni.

Un appunto sul fattore tempo: ricordate che, se volete, il termine di realizzazione dell'obiettivo potete sempre spostarlo. Non è un fallimento rivedere periodicamente la tabella di marcia e operare, se necessario, dei ritocchi. Il fallimento c'è quando voi non vi concedete di modificare secondo il bisogno i vostri obiettivi.

Anche i piani più accurati esigono di tanto in tanto delle variazioni. Le fanno anche i giganti dell'industria mondiale.

Non raggiungere un traguardo nel tempo stabilito non significa aver fallito; significa che dovete essere sinceri con voi stessi, riesaminare il tutto e porvi un altro termine, che, si spera, sia più realistico.

Applicare la Verifica

Quando Eric venne da me non sapeva se fosse giusto lasciare l'insegnamento per assecondare la sua passione per la natura e l'aria aperta. La sua intenzione era avviare una piccola attività di assistenza e guida per i turisti in una zona di escursioni. Eric era a sua volta un provetto escursionista, aveva un'ottima familiarità di tutti i percorsi e in più vantava una profonda conoscenza della flora e della fauna autoctone. L'idea di poter combinare in un nuovo lavoro tutte queste sue doti lo eccitava.

Io proposi a Eric di verificare la validità del suo progetto, ed egli accettò.

Era un obiettivo specifico? Sì, perché Eric sapeva esattamente che tipo di lavoro fare, non aveva parlato solo di «un qualsiasi lavoro all'aria aperta».

Era un obiettivo misurabile? Eric riusciva in qualche modo a puntualizzare l'obiettivo in termini numerici? Lui ci pensò su un attimo, poi annuì: «Quando avrò almeno cinque iscritti per un'escursione». Sì, era una valutazione effettiva.

Era anche un obiettivo raggiungibile? Eric aveva le energie fisiche per guidare comitive attraverso le montagne? Sì. Aveva anche le energie mentali per organizzare, pubblicizzare e mandare avanti la sua attività? Sì. E aveva il coraggio e la determinazione necessari per correre il rischio? Eric non ci mise più di cinque secondi per rispondere affermativamente.

L'obiettivo era anche realistico? Dall'esterno si sarebbe detto di no, perché sembrava una follia abbandonare la rispettabile sicurezza dell'insegnamento per andarsene in giro per foreste. All'inverso, però, qualcuno che avesse amato l'avventura avrebbe potuto sostenere che Eric faceva la cosa migliore. Insomma, solo Eric poteva valutare il realismo della sua scelta. Egli considerò i vari elementi della sua vita: la moglie gli aveva dato il suo appoggio incondizionato, i soldi per mandare i ragazzi all'università erano già stati accantonati e lui avrebbe sempre potuto tornare a insegnare se le cose non avessero funzionato. Sulla base di tutto questo, Eric decise che il suo obiettivo era realistico. Di più: lo stimolava, lo attraeva, lo entusiasmava.

Infine, esaminammo il fattore tempo. E saltò fuori che Eric, come moltissimi altri, per paura non si era ancora posto un termine. Gli chiesi se era veramente deciso e lui rispose: «Assolutamente! Voglio realizzare il mio programma e lasciare l'insegnamento subito dopo».

«Sì, ma quando organizzerai la prima escursione?»

«Voglio avere un gruppo pronto a partire entro la prossima primavera. Ci verresti come mia ospite?»

Risi e mi congratulai con Eric per il suo coraggio e il suo entusiasmo. Il test aveva dimostrato che era già ben instradato verso il successo.

E voi, a che punto siete? Per scoprirlo, mettete per iscritto la vostra visione, traducetela in obiettivi e sottoponetela alla Verifica. Ricordate: se le risposte saranno tutte affermative, saranno più alte le probabilità di successo.

Visioni, desideri, intenzioni e sogni sono elementi preziosi. Accendono la vostra immaginazione e vi mostrano dove volete arrivare nella vita. Ma perché si realizzino dovete ritornare con i piedi per terra, programmare un piano d'azione e, per prima cosa, porvi degli obiettivi.

Le visioni esistono nella mente, gli obiettivi nella realtà. Le visioni vi danno speranza, gli obiettivi vi danno risultati. Le visioni si riferiscono a un domani indefinito, gli obiettivi vi danno tangibili conquiste oggi.

Anche se entrambe le cose sono importanti, gli obiettivi sono il trampolino di lancio dei vostri piani.

Siete pronti a trasformare le vostre visioni in realtà?

Regola Cinque

I risultati dipendono solo da voi

L'entità del successo raggiunto
sarà proporzionale alla qualità
e quantità di energia impiegata.

Tutto, nella vita personale e in quella professionale, dipende dalle nostre azioni.

Ogni conquista che ci appaga, ogni relazione che ci dà gioia, i beni materiali e le esperienze che ci fanno più piacere sono il diretto risultato dei nostri sforzi per ottenerli.

È sempre valido il detto secondo cui si raccoglie quello che si semina, e quando si tratta di successo lo è ancora di più: quello che date è in diretta correlazione con quello che ricevete. Siete voi a fare in modo che nella vostra vita succedano le cose e a determinare quanto siano forti le vostre probabilità di successo. Qualsiasi premio, qualsiasi vittoria vanno guadagnati.

La causalità

«La vita è come una tromba. Se non ci metti dentro qualcosa, non ne esce niente.»

W. C. HANDY

La causalità è il principio in base al quale cambiamo qualcosa nella nostra vita attraverso gli sforzi personali. È l'accettazione del fatto che siamo noi a causare la nostra realtà e che ciò che diciamo, facciamo e pensiamo la influenza.

Causalità significa che siete determinati a trovare una via, a investire tempo ed energie nella costruzione della vostra realtà. Il suo opposto è l'inerzia. Esistono, è vero, momenti e luoghi in cui non fare niente, ma quando siete concentrati sul successo è più utile la causalità. Se volete avere successo, naturalmente potete anche limitarvi ad aspettare che vi venga offerto su un piatto d'argento. Oppure, ricorrendo alle vostre risorse, potete *farlo arrivare.*

Un giorno ebbi un'interessante conversazione con il presidente di una grande catena di negozi. In uno dei suoi punti vendita, malgrado il consueto afflusso di clienti, le vendite al reparto calze erano calate in modo preoccupante. Una delle commesse, allora, riempì una cesta di calze e collant e si recò in uno dei numerosi palazzi di uffici di quella strada. Là, girando di piano in piano, riuscì in poco tempo a vendere tutta la merce agli impiegati, felici di poter scegliere e comprare senza dover uscire. I colleghi della ragazza si affrettarono a imitarla, ognuno con un cesto di merce in un palazzo diverso. Per tutti il successo fu identico.

«Abbiamo preferito lasciare che i dipendenti trovassero un modo più innovativo e divertente di vendere, invece che costringerli in negozio ad aspettare i clienti!» concluse l'uomo. Una scelta intelligente. Non a caso, la sua catena è oggi una delle più note e attive.

Il successo arriva non tanto a quelli che aspirano a esso quanto piuttosto a chi si impegna in ogni modo per ottenerlo. Se non lanciate la palla, come potete mai pensare di segnare un punto?

Quanto conta la fortuna?

Una fantasia comune: prepararsi per andare al lavoro come ogni mattina, sentir suonare alla porta, aprire e trovarsi davanti il celebre presentatore televisivo che ci consegna un assegno da un miliardo.

Vi piacerebbe? Certo! E potrebbe succedere se voi foste uno dei pochissimi fortunati che vincono alle lotterie. Ma se non è così e voi volete ugualmente il miliardo, allora dovete fare del vostro meglio e guadagnarvelo: con le mani, con il talento naturale, con il cuore e con il cervello.

Se scommettete sulla fortuna, potete fare il grande colpo o restare a mani vuote. Se invece seguite il buon vecchio metodo del darsi da fare per avere qualcosa, uscirete vincitori anche se non avrete raggiunto l'obiettivo, perché avrete imparato importanti lezioni su voi stessi, avrete acquisito lucidità di pensiero e avrete accantonato un prezioso deposito nella banca dell'autostima.

Sì, il destino può decidere tutto, qui e adesso. Ma guardiamoci intorno: quante delle persone universalmente considerate di successo ci sono arrivate solo grazie alla fortuna? Bill Gates avrebbe costruito il suo impero senza anni di duro lavoro? Bruce Springsteen sarebbe uno dei più grandi cantanti del mondo solo grazie alla buona sorte? E sarebbe la fortuna ad aver reso Barbara Walters una delle più note e influenti giornaliste americane? È fuori dubbio che sia importante essersi trovati nel posto giusto al momento giusto, ma dietro c'è molto altro: uno sforzo straordinario.

Prendiamo l'esempio di Jim, che aveva sempre

avuto una vita all'insegna della fortuna. Mai un contrattempo, mai un problema, al punto che in casa era ricorrente la frase: «A Jim va sempre tutto a meraviglia». Chiamato a far parte di tutte le squadre in cui desiderava giocare al liceo, ammesso proprio all'università che sperava di frequentare, Jim era perfino riuscito a ottenere subito dopo la laurea l'internato in un ospedale prestigioso. Ma a un certo punto della sua carriera scoprì di non voler più fare il medico: la sua aspirazione era lavorare nell'industria sportiva; così si licenziò, certo di aver abbastanza denaro in banca per tirare avanti nel pochissimo tempo che ci avrebbe messo per trovare il lavoro dei suoi sogni. Jim entrò in contatto con diversi operatori del settore prescelto, per conoscerlo più a fondo e per far sapere la sua intenzione di lavorarci, sicurissimo che, anche questa volta, la fortuna l'avrebbe baciato in fronte.

Ma non successe niente. Allora Jim spedì dei curriculum, ma non fece niente di più, continuando a sperare nella buona sorte: un giorno o l'altro lo avrebbero cercato per assumerlo. Inutilmente. Sei mesi più tardi Jim venne da me, per scoprire se esisteva un modo diverso di affrontare il problema. Io gli chiesi che cosa avesse fatto fino a quel momento per trovare lavoro e Jim rispose: «Ne ho parlato in giro!» A quel punto gli ricordai un antico proverbio cinese: «Parlare non cuoce il riso». Il suo problema era essersi aspettato che fosse la buona sorte a lavorare per lui, e non si era impegnato. Chiarito questo, Jim studiò con me un piano d'azione mirato e meno di due mesi più tardi fu assunto da una ditta di marketing sportivo.

La fortuna è qualcosa di meraviglioso, ma per sua natura non dà garanzie. Se veramente volete raggiungere i vostri obiettivi, al massimo potete *sperare* nella fortuna, ma senza rinunciare a impegnarvi personalmente. Se vi impegnerete, potrete smettere di vivere guardandovi attorno per vedere se la fortuna vi assiste ancora o vi ha abbandonato. Se non vi impegnerete, non sentirete mai la forza e il potere della causalità e non avrete mai il pieno controllo della situazione.

Agire

> *«Un viaggio di mille miglia inizia con un singolo passo.»*
>
> LAO-TZE

Gli obiettivi restano mere intenzioni se non passiamo all'azione. Più siete riflessivi e razionali, più facilmente analizzerete e rianalizzerete la situazione sotto ogni aspetto, discutendone con amici e famigliari ed eviterete di agire. È un fenomeno che viene definito *Analisi-paralisi*, nel quale non si passa mai dall'analisi all'azione.

In un seminario che ho condotto per venticinque anni, e che ho chiamato «Negoziazione Interiore», insegnavo a sintonizzarsi sui messaggi che vengono dalla parte più intima di noi e ad ascoltarli. Questi messaggi forniscono linee guida interiori che ci dicono che cosa è necessario fare.

Ma lavorare sulle indicazioni che questi messaggi forniscono generalmente comporta un rischio e allora spesso le persone cercano di rendere il messaggio-rischio più razionale. Cercano di ragionare con la guida interiore, negoziare un'alternativa che comporti meno azione e più analisi: pianificazione, elaborazione, anticipazione dei risultati, revisione dei programmi, magari il conseguimento del risultato perfetto prima ancora di agire. In altre parole, «negoziano» con il proprio istinto. Ci provano in ogni modo, ma non funziona mai. A un certo punto, sono costretti ad ammettere che nessuna massa di cognizioni potrà mai far succedere fisicamente qualcosa senza un'azione concreta.

Dopo un giorno, più o meno, il coordinatore del seminario dà un ultimatum: «O rimuginate sul messaggio interiore o agite in base a esso. È semplice.

Se avete riflettuto abbastanza, allora forse è il momento di fare qualcosa al riguardo. E ricordate, fino a quando pensate non agite!»

Normalmente a quel punto i «pensatori» ammettono la loro passività e vorrebbero passare all'azione, ma si trovano in difficoltà e allora entrano in gioco gli assistenti, che si preoccupano di affrontare il problema con ognuno di loro in sedute individuali, per aiutarli nel processo di transizione e incoraggiarli a fare il primo passo, che è sempre il più difficile. Con quel piccolo aiuto, avventurarsi nel campo dell'azione può risultare più agevole.

Passando dal pensiero all'azione voi tracciate una linea sulla sabbia e dite a voi stessi: «Superandola, comincerò ad agire e smetterò di pensare». Se volete raggiungere il successo desiderato, in qualunque area della vostra vita lo desideriate, voi dovete per prima cosa azionare gli ingranaggi del movimento.

Il messaggio interiore di Cindy, una delle mie clienti, era diventare infermiera. Lei ammise di coltivare da anni quel desiderio, ma di bloccarsi ogni volta che arrivava a pensare di poterlo realizzare. Cindy si vedeva al lavoro in ospedale con i malati, ma non si dava mai da fare perché accadesse. Per prima cosa doveva esorcizzare i suoi *Sì, ma...*, le ragioni che la persuadevano a desistere da quel passo. Dopo aver esposto i suoi *Sì, ma...*, Cindy li analizzò obiettivamente, giudicandoli ininfluenti e capì di essere pronta ad affrontare serenamente il passo successivo: tracciare la sua linea sulla sabbia. Cindy comprese di aver aspettato anche troppo a lungo e che, se non avesse agito subito, forse non l'avrebbe mai più fatto. Insieme stilammo un elenco di dieci obiettivi immediati che lei si impegnò a portare a termine, tra cui una ricerca delle scuole per infermiere della zona e un colloquio con il datore di lavoro, per informarlo della sua intenzione di lasciare l'impiego appena possibile.

Talvolta basta un pizzico di incoraggiamento per risvegliare un sogno, e un supporto qualificato per pianificare una strategia, ma in seguito è l'individuo a restare in gioco, da solo. Nessuno può muovere i suoi piedi, tranne lui.

In una partita, è il fatto di essere nel cuore dell'azione a differenziare i giocatori dagli spettatori. Senza azione non siamo in gioco, ci limitiamo a osservare e ad aspettare che qualcosa succeda.

Il problema del «come»

La domanda che mi sento fare spesso quando si sta per passare da ciò che si è a ciò che si vuol essere, cioè quando si passa all'azione, è: «Io voglio, ma *come* faccio?»

La mia risposta immediata è: non pensiamo al *come*, pensiamo al *che cosa*. *Come* vi confonde le idee; *che cosa* vi spinge ad agire. *Come* è intangibile ed elusivo; *che cosa* vi guida ai passi concreti e specifici per trasformare il vostro obiettivo in realtà.

Voi fate ogni giorno moltissime cose senza sapere o capire come. Come fate a parlare al telefono? E a volare su un aereo? E a cuocere con il microonde? Voi non avete bisogno di sapere *come* accadono queste cose, dovete solo sapere *che cosa* fare perché si verifichino. Naturalmente indagare il «come» del nostro universo ha un valore, ma nella vita, quando cercate di avere dei risultati, ogni indagine diventa più un freno che una necessità.

Se siete pronti a entrare in azione, non lasciatevi paralizzare dal *come*. Spostate piuttosto l'attenzione sull'immediato *che cosa*. In altre parole, saltate a piè pari le profonde disquisizioni filosofiche e andate dritti verso la meta. Agite.

Pianificare l'azione

Immaginate che il vostro compito sia leggere *Guerra e pace*. È un libro eccezionalmente lungo e affrontarlo potrebbe terrorizzarvi. Centinaia e centinaia di pagine: sconvolgente! Eppure, se incominciate con una pagina (una soltanto!), sarete in marcia.

Non avete bisogno di finire il libro in una volta sola: leggerne qualche pagina di tanto in tanto vi permetterà di leggerlo tutto.

Le indicazioni che seguono vi aiuteranno a tracciare il vostro piano d'azione, qualunque esso sia. Vi mostreranno come raggiungere in modo fattibile e ragionevole i vari obiettivi, ognuno dei quali vi avvicinerà di un altro passo al successo.

1. Compilate un elenco di tutte le cose possibili da fare per realizzare l'obiettivo finale. Includete ogni passo, da quello minimo a quello fondamentale. Scriverli non significa necessariamente doverli compiere tutti, quindi siate coraggiosi e scrivete tutto quello che pensate che *qualcun altro* farebbe per mettersi in azione e realizzare gli obiettivi.
2. Cercate fra tali azioni la più interessante e attraente. Se nessuna lo è, scegliete quella più agevole, quella che vi fa meno paura. Potrebbe essere la più insignificante, un passo semplicissimo da compiere per permettervi di provare la sensazione della realizzazione di un obiettivo. È importante farlo in vista di quello che verrà poi, senza preoccuparsi di quanto insignificante possa apparire. Partire con i passi più facili non vuol dire che voi non siate in grado di affrontare impegni più ardui,

ma vedere risultati immediati aiuta la vostra fiducia, dimostrando a voi stessi che state «facendo» qualcosa.

3. A questo punto fate il primo passo.
4. Congratulatevi con voi stessi per aver messo in moto l'intero processo. Anche se questa pausa vi porterà per un attimo a guardare indietro, concedetevela. Il passo che finalmente avete deciso di compiere non va mai dato per scontato.
5. Continuate. Scegliete un altro passo e poi un altro ancora e così via. Ogni compimento genera energia. Più grande è lo slancio che create, più grande sarà la spinta in avanti. Ogni volta che un successo parziale genera energia, usatela per motivarvi alla sfida successiva. La motivazione viene dal successo. Avete bisogno di sperimentare il successo in qualcosa, anche piccola, per sentirvi motivati ad andare avanti, affrontando il passo successivo proposto dal vostro elenco.

Se vi capita di non riuscire a compiere un passo, tornate al momento che l'ha immediatamente preceduto e cercate di capire che cosa può aver provocato la difficoltà.

Ora, avete due possibilità: riprovare a compiere l'azione oppure affrontarne una più semplice. Se avete fallito, forse è semplicemente perché non era il momento giusto per impegnarsi in quel passo.

È quello che è successo a Bruce, quando ha messo in atto il suo piano d'azione per aprire un negozio di formaggi pregiati. Il suo elenco delle cose da fare era il seguente:

- Conoscere i principali punti vendita di formaggi del paese.
- Leggere manuali sulla vendita al dettaglio.
- Scegliere i propri fornitori.
- Leggere gli annunci immobiliari sul quotidiano locale per sapere quanto costa un negozio.
- Stendere un piano finanziario.
- Chiedere alla banca un piccolo finanziamento per avviare l'attività.

Il primo passo dell'elenco era anche il più attraente e Bruce partì alla ricerca dei negozi specializzati; in un mese raccolse tutte le informazioni utili e si sentì stimolato a iniziare.

Si dedicò ai manuali sulla vendita al dettaglio e ne imparò ogni segreto. Le sue conoscenze di base aumentarono e Bruce capì di essere ormai in grado di gestire un negozio con buone possibilità di tener testa alla concorrenza.

La sua fiducia in se stesso era tale che subito dopo si dedicò alla stesura del piano finanziario e lì si manifestò il problema. Bruce fu assalito dai dubbi e perse sicurezza. Dopo averci riflettuto, Bruce individuò l'errore di fondo: aveva affrontato la questione finanziaria troppo presto, prima di rendersi conto con esattezza di quanto denaro gli occorresse. Stilare un piano finanziario a quel punto voleva dire affrontare elementi astratti e potenzialmente demoralizzanti.

Così Bruce decise di affrontare un passo che potesse ridargli l'energia costruttiva di *Posso farlo!* e optò per l'analisi del mercato immobiliare locale. Con sorpresa, scoprì che acquistare un negozio gli sarebbe costato molto meno di quanto pensava, quindi poté ritornare al piano finanziario con le idee molto più chiare e lo completò, così che anche la banca concesse il finanziamento.

Bruce aprì il suo negozio un anno dopo e oggi considera la sua esperienza una grande lezione di causalità.

Tutto quello che vi si chiede per mettervi in azione è di avventurarvi sul cammino, passo dopo passo. Se continuate ad affrontare passi alla vostra portata e a mettere un piede davanti all'altro, alla fine arriverete a destinazione.

Che cosa serve?

«La vita genera vita. L'energia crea energia.
È spendendo se stessi che si diventa ricchi.»

SARAH BERNHARDT

Che cosa serve per avere successo? Esiste una formula infallibile per garantirselo? La risposta alla seconda domanda è ovviamente «No». In caso contrario, tutti applicherebbero la formula e automaticamente realizzerebbero i propri sogni.

Alla prima domanda, invece, non si può dare una risposta assoluta, ma è certo che alcuni comportamenti favoriscono il successo più di altri. I cosiddetti «vincenti» condividono tre comportamenti di base: diligenza, concentrazione sulla qualità e non solo sulla quantità dello sforzo e volontà di dare il massimo.

La diligenza

Diligenza è applicarsi con zelo a quel che si deve fare, senza risparmio di tempo ed energia, senza rimandare, senza trovare scuse e senza cercare scorciatoie. Le persone diligenti sono concentrate sul loro compito e i risultati che ottengono sono sempre correlati ai loro sforzi.

Nella vita, i vostri obiettivi possono esigere strategia, una visione ampia, approcci diversi, ridefinizione e perseveranza. Alcuni obiettivi vi chiederanno molto, altri poco. Ma questo non conta, quello che conta è raggiungerli in ogni caso.

L'importanza della qualità

Conta anche in termini di impegno, la qualità: c'è differenza tra stare al lavoro e usare questo tempo in modo produttivo, come c'è differenza tra lavorare sodo e lavorare bene.

Se lavorerete puntando alla qualità, otterrete in cambio risultati di qualità. Se invece cercherete di risparmiare in ogni modo, otterrete risultati mediocri, compromettendo l'integrità del vostro prodotto e il servizio al cliente.

Bea era una pasticciera fantastica e molti ristoranti della città ordinavano regolarmente i suoi dolci. Nell'attività che si era scelta, Bea era arrivata al top e a chi le chiedeva il segreto del suo successo rispondeva: «Non cerco mai di risparmiare su niente. Uso solo gli ingredienti migliori e più freschi, pago fior di soldi un addetto alle consegne perché i miei clienti siano sempre serviti puntualmente, se non addirittura in anticipo. E non ho mai venduto un solo dolce che fosse inferiore al mio standard di qualità».

Come lei stessa mi spiegò, sul lavoro e nella vita applicava la stessa etica, basata sulla qualità.

Fate in modo che i vostri sforzi siano sempre mirati. Solo così otterrete risultati clamorosi.

Dare il massimo

L'esercito degli Stati Uniti ha avuto per anni questo slogan: «Siate tutto quello che potete essere». Semplice ma stimolante, perché invita a sfruttare tutto il proprio potenziale. Se vi impegnate al cento per cento, non lo rimpiangerete mai. Dopo tutto, se date tutto quello che avete, non potete dare altro. Dare il massimo vuol dire fare un chilometro in più quando serve, essere pieno di risorse fino a portare un'azione alla conclusione. Quando date il massimo, impegnate per il successo ogni parte di voi: tutte le vostre qualità, tutto il vostro ingegno, tutti i vostri sforzi e tutta la vostra passione.

Jonathan voleva ottenere una promozione. Nel futuro immediato si sarebbe liberato un posto sul quale aveva messo gli occhi e decise di non lasciare nulla di intentato per arrivarci. Cominciò scrivendo al suo superiore un memorandum, nel quale spiegava di volere quell'incarico ed elencava le ragioni per cui riteneva di essere la persona più qualificata per ricoprirlo e anche la più meritevole. Poi rintracciò un dirigente che aveva occupato quel posto in precedenza e se ne fece spiegare in dettaglio le caratteristiche essenziali; quando seppe che i meeting di formazione ne erano una parte integrante, alla prima occasione si candidò per tenerne uno. Il passo successivo, oltre a mostrare un impegno quotidiano sul lavoro, fu informare tutto il management della società delle utili iniziative che avrebbe intrapreso una volta avuto l'incarico. Jonathan ebbe quella promozione. C'è da stupirsene?

Il successo è come uno specchio: riflette esattamente quello che avete dato per averlo. I risultati tangibili rispecchieranno il vostro coinvolgimento e il vostro dispiego di energie.

Ciò che fate e come lo fate determinerà la vostra dose di successo. Se veramente volete avere successo, decidete quanto dare di voi in impegno, qualità ed energie. I risultati lo giustificheranno pienamente.

Regola Sei

Esiste sempre un'opportunità

Le buone occasioni, più o meno evidenti,
nella vita non mancano mai.
Sta a voi individuarle e sfruttarle.

Un'occasione è il momento in cui la vita ci apre una nuova, imprevista possibilità, un'opportunità di scelta, un'intersezione tra il punto in cui siete e la nuova via. Sta a voi decidere da che parte andare: seguire la vecchia strada per arrivare dove vi eravate prefissi o cambiare completamente itinerario e vedere dove vi condurrà. Nessuno, prima di scegliere, può sapere che cosa sia meglio, perché ogni strada ha il suo valore, o nella sua realizzazione finale o in utili lezioni di vita. La sfida è valutare bene ogni opzione, operare la scelta e orientarvi in quella direzione.

Immaginate di essere in autostrada con una direzione ben precisa in mente; improvvisamente vedete il cartello di un'uscita che promette attrattive, divertimento, avventura. Che cosa fate? Uscite? Tirate dritto? Accostate per riflettere con calma oppure andate in crisi per indecisione, frenate di colpo e bloccate il traffico?

Ogni uscita è un'occasione, sull'autostrada della vita. E di uscite ce ne sono molte.

Tutti conosciamo qualcuno che ha alle spalle un'occasione perduta: c'è chi, ai tempi, non ha comprato le azioni della Microsoft perché era troppo rischioso; chi non ha accettato un ruolo in una delle commedie di maggior successo di Broadway perché pensava che sarebbe stato un flop; e anche qualcuno che si è sempre tenuto alla larga da Internet pensando che non avrebbe mai preso piede.

C'è anche chi ha creduto di essere di fronte a un'occasione d'oro e poi è restato amaramente deluso: il gentleman che ha investito tutto nel progetto di un grande centro commerciale e si è trovato senza un soldo quando il costruttore è scomparso con il denaro; il pilota di linea che ha lasciato il lavoro per diventare istruttore privato e ha poi scoperto di non avere inclinazione per l'insegnamento; il designer che ha accettato un incarico di prestigio che però ha compromesso la sua vita privata.

Queste persone avrebbero potuto operare una

scelta diversa? Forse sì, sapendo prima quel che sanno adesso. Ma non esiste la formula magica per le scelte vincenti. La cosa migliore da fare è raccogliere elementi, imparare dalle scelte del passato, osservare quelle altrui e poi affidarsi all'istinto e alla vostra consapevolezza per aiutarvi a fare la scelta successiva.

Riconoscere le opportunità

«...in cielo, in terra, in un pezzo di carta, in una sagoma in movimento, in una tela di ragno... Dappertutto possiamo trovare quel che è bene per noi.»

PABLO PICASSO

Ci sono due tipi di occasioni, nella vita: quelle palesi e quelle nascoste. Le prime sono evidenti, irrinunciabili: la promozione che avete sempre cercato, l'offerta di un nuovo, eccitante lavoro, una proposta di matrimonio dalla persona che amate, un appartamento nel quartiere dove avete sempre sognato di vivere. Sono occasioni che non possono sfuggirvi, perché vi balzano davanti agli occhi come insegne al neon.

Le altre, invece, non sono per niente ovvie e vanno trovate, cercando sotto la superficie di eventi o situazioni che, in apparenza, non presentano occasioni. Per esempio, le nuove posizioni che si renderanno disponibili con la fusione di due società, l'apertura vicino a casa vostra di una nuova sede dell'azienda per cui vi piacerebbe lavorare; la notizia casuale di una prossima offerta pubblica di azioni di una compagnia promettente. Queste opportunità richiedono indagine e riflessione. Sono quelle che vi fanno dire: «Mah, forse...»

Ogni cambiamento, anche lontano da voi, ogni avvenimento anche esterno può rappresentare un'opportunità. Normalmente è sepolta, ma potete sempre scovarla.

Dave era redattore in una rivista illustrata e amava il suo lavoro, ma avrebbe voluto disporre di più tempo libero per soddisfare la sua prima passione: scrivere. Un pomeriggio, il direttore gli affidò un servizio su un episodio di cronaca nera locale, che presentava aspetti affascinanti e misteriosi. Dave incominciò a entrare in agitazione: mentre lavorava su quella storia, avvertiva che questa celava una grande opportunità per lui, ma non riusciva a capire quale. Poi, l'intuizione: mettersi in contatto con i protagonisti di quella vicenda così appassionante e, per certi versi, quasi incredibile, e ricavarne un libro. Dave aveva una propensione per il genere noir e sapeva di avere in mano dell'ottimo materiale e di poter fare un lavoro eccellente. Anche se scrivere il libro avrebbe comportato un periodo di assenza non retribuita, ne parlò al suo direttore e questi lo appoggiò. In soli tre mesi, Dave trovò un editore per il libro e oggi impiega tutto il suo tempo facendo quello che ama: scrivere. Questa è la tipica opportunità che non viene offerta su un piatto d'argento: nessuno ha detto a Dave di scrivere un libro su quella storia, ma lui ha avuto la determinazione di trovare l'occasione d'oro sotto la superficie della sua vita quotidiana.

Aprire gli occhi

Se terrete occhi e orecchie ben aperti, vedrete queste opportunità aprirsi anche davanti a voi. Magari con dei segnali, o per coincidenze o per avvenimenti casuali. Non si sa come arriveranno, ma la chiave per non perderle è tenere le antenne dritte. Quando desiderate avere un'occasione nella vita, dovete sapere che è là fuori, basta individuarla, sta aspettando che voi la vediate. Le opportunità esistono, anche se non le volete o le trascurate. E, se le vedete, possono anche non essere esattamente quelle desiderate, ma *ci sono, sempre*.

Provate a fare questo esercizio: annotate tutte le opportunità che avete avuto nella giornata di ieri e che non avete sfruttato. Scrivete tutto, anche le cose minime, come provare per la prima volta un piatto esotico, andare al cinema con vostra moglie, sperimentare una nuova attività sportiva in palestra, portarvi a casa un cane randagio visto per strada. Forse resterete stupiti dalla loro quantità. Adesso, per qualche giorno, cercate di cogliere quelle nuove. Portate con voi un taccuino e annotate qualsiasi opzione si presenti per ampliare i vostri orizzonti, per imparare e sperimentare qualcosa di diverso. Ciò non significa che da ognuna di queste dovrete trarre un vantaggio, ma che dovete sensibilizzarvi a ciò che vi circonda, per essere pronti a cogliere qualsiasi opportunità si presenti, per quanto remota o confusa possa essere.

Ogni opportunità presenta una scelta

> *«Ci sono occasioni che capitano in un momento deciso da loro e non da voi, a modo loro e non a modo vostro, e possono essere afferrate o perse per sempre.»*
>
> GAIL GODWIN

Nel momento in cui si presenta un'opportunità, voi vi trovate subito a dover scegliere. Devo?... Posso?... Voglio?... Rischio?... E se... Tutte queste domande cominciano a frullarvi in testa e allora dovete iniziare un processo di valutazione interiore per decidere come muovervi nel vostro interesse.

Il processo decisionale

Il processo decisionale si svolge nella vostra testa, nel vostro cuore, nella vostra anima.

La prima reazione può essere emotiva o razionale, ma ciò non basta per fare una scelta ben ponderata: una decisione esclusivamente razionale non prenderà infatti in considerazione i vostri sentimenti e una totalmente emotiva potrebbe non soddisfare il vostro lato speculativo.

Il vostro compito è riesaminare tutti gli elementi raccolti sotto ogni aspetto, cercando di essere onesti e obiettivi per quanto possibile, sapendo che la mente non avrà l'ultima parola né potere di veto.

Se avete problemi a decidere sulle nuove opzioni, scrivete quello che pensate. Quando scrivete, non trascurate nulla, esponete con chiarezza i pro e i contro. Ecco una traccia:

- La mia decisione coinvolgerà queste persone:
- Se lo farò, ne saranno felici queste persone:
- Questa opportunità influenzerà così le mie finanze:

- Questa opportunità influenzerà così la mia mente:
- Questa opportunità influenzerà così le mie emozioni:
- Questa opportunità influenzerà così la mia salute:
- Questa opportunità influenzerà così la mia carriera:
- Questa opportunità influenzerà così le mie relazioni:
- Questa opportunità potrebbe portarmi questi vantaggi:
- Questa opportunità potrebbe comportare questi rischi:
- Al peggio, andrà così:
- Al meglio, andrà così:

Il fine di questo esercizio è scrivere i vostri pensieri per poterli analizzare meglio. Tenerveli in testa potrebbe confondervi come un labirinto di specchi, con visioni della realtà distorte o inquietanti.

Il passo seguente è analizzare le vostre emozioni. Dopo la reazione iniziale, riconsiderate con calma ciò che provate riguardo a quell'opportunità. Immaginate di averla già colta e considerate come vi sentite: caricati, svuotati, sopraffatti, eccitati, stupidi o forti?

Prestate attenzione alle reazioni fisiche. Vi si mozza il respiro? Vi stringete impercettibilmente nelle spalle? Avete lo stomaco sottosopra o le tempie che pulsano? Vi sentite più leggeri o più oppressi? Sono tutti indizi importanti sul vostro stato d'animo.

Anche in questo caso, scrivete: farlo non vi chiarirà del tutto le idee, ma vi permetterà di procedere nell'analisi, affrontando il passo successivo. Se siete paralizzati da emozioni contrastanti, non potrete operare una scelta chiara.

A questo punto, potete accantonare le valutazioni razionali ed emotive e ascoltare la risposta del vostro io interiore. Cosa impossibile da mettere in pratica se non siete calmi, quieti e concentrati su voi stessi.

In voi, nella parte più nascosta, c'è un posto sincero che dice sempre sì o no. Non c'è emozione o logica che possa influenzarlo. Nel seminario della Negoziazione Interiore, noi chiamiamo «messaggio» una risposta a quel livello. È una risposta interiore molto simile a quelle intuizioni che si rivelano giuste a posteriori. Quando non le si crede, quando si ignora quel messaggio, non si agisce. E, di conseguenza, si sente di aver perso un'occasione. *Lo sapevo! In quel momento lo sapevo! Perché allora non ho fatto quello che sapevo giusto?*

Perché? Il messaggio del luogo segreto dentro di voi diceva la verità, ma vi sembrava irragionevole o troppo rischioso. È esattamente questo che porta le persone a una risposta come: «Non so».

E se la risposta è «Non so»?

La risposta che vi viene da dentro potrebbe non piacervi. Succede spesso e allora le persone si rifugiano nel *Non so*. Se capita anche a voi di rispondere così, ricordate che è una risposta rassicurante, l'unica che vi permetterà di non affrontare le vostre paure nascoste. Ma la nebulosità del *Non so* può essere frustrante, perché significa che, probabilmente, potete agire ma non lo farete.

Non so è un vicolo cieco; da lì non si va da nessun'altra parte, si può solo tornare indietro alla propria consapevolezza interiore. L'incertezza si dissiperà solo quando deciderete di ascoltare il messaggio che vi viene da dentro, per quanto possa essere sgradevole o rischioso.

Come fare?

Recuperando la fiducia in voi stessi e nelle vostre capacità. Ritornando alla parte dentro di voi che non ha dubbi sulle vostre possibilità di fare qualunque cosa vogliate. Ripartendo da lì, il dubbio svanirà.

Il bambino che è in voi *sa* sempre. È l'adulto a creare incertezze, paure ed esitazioni che portano all'insicurezza. Una donna adulta, anche in una giornata caldissima, esiterà molto davanti al chiosco del gelataio: il gelato ingrassa così tanto... Ma se saprà soddisfare il suo istinto infantile, si comprerà un bel gelato per rinfrescarsi e sarà felice della sua scelta.

Ogni tanto dovete ignorare la parte adulta di voi e tornare bambini, riguardo alla vostra capacità decisionale. Ricordate, i bambini sanno sempre quello che vogliono. Trovate il bambino che è in voi e troverete la risposta che cercate sul da farsi.

Certo, la decisione dovrebbe anche tenere in conto considerazioni da adulti, ma fatelo *dopo* aver capito che cosa volete. Se lo farete *prima* sarà difficile squarciare il velo dell'insicurezza e partire da un chiaro *Io so.*

Soluzioni creative

Qualche volta la risposta non è ben definita: bianco o nero, qui o là. Possono esserci sfumature grigie e allora dovrete ricorrere a soluzioni creative.

Prendiamo, per esempio, la storia di Miranda. Miranda venne da me terribilmente dibattuta tra due opzioni: accettare un lavoro che le avevano offerto o restare a casa a occuparsi della figlia. Riguardo al lavoro disse di sentirsi eccitata, riguardo al suo impegno di madre di amarlo molto e di voler essere molto vicina alla bambina.

«Se accetto questo lavoro, ho paura di trovarmi troppo impegnata e stressata, con il risultato di non poter dare il meglio né a casa né nella professione!»

Io le chiesi che cosa desiderasse. «Non lo so», mi rispose. «Tutte e due le opzioni sono attraenti ma anche un po' inquietanti. Ho seri dubbi di riuscire a farcela sui due fronti contemporaneamente.»

Io le posi allora le domande chiave che portano a soluzioni creative: che cosa avrebbe dovuto fare per affrontare entrambe le responsabilità? Come avrebbe dovuto organizzare la sua vita, se fosse dipesa solo da lei? Sono domande che aprono alla possibilità di fare tutto quello che si desidera, se ci si impegna per trovare una soluzione. Una strada percorribile c'è sempre.

Miranda rispose in modo molto chiaro: «Dovrei poter lavorare un po' da casa e un po' in ufficio, con orario flessibile e limiti precisi che tutti dovrebbero rispettare. In casa mi sarebbe utile l'aiuto di qualcuno. Così non mi sentirei distrutta dalla fatica».

Miranda sapeva benissimo che cosa voleva, la sicurezza della sua risposta lo dimostrava e glielo feci notare. Lei sembrò stupita, poi commentò: «Sì, io so che cosa voglio, ma forse penso che non sia possibile. Non credo che la società che mi offre il lavoro possa accettare le mie condizioni!»

A quel punto le dissi che sapere quel che si vuole è il primo passo, crederci è il secondo. Farlo accadere è il terzo e così via.

Immaginate un piatto di spaghetti tutti aggrovigliati. Ogni spaghetto è un pensiero, una preoccupazione, una riserva, una sensazione, una paura o una considerazione e ognuno è annodato a un altro. Quelle domande servono a districarli, a separarli.

Il procedimento che vi ho insegnato e ho seguito con Miranda serve da catalizzatore per fare chiarezza mentale. In poco tempo Miranda è passata da *Non so che cosa voglio* a *So esattamente che cosa voglio*. A questo stadio, non ha ancora manifestato la sua scelta, ma ha compiuto con successo il primo passo per farlo.

Il processo completo avviene in cinque fasi distinte:

1. Non so che cosa voglio e non posso averlo.
2. So che cosa voglio, ma non posso averlo.
3. So che cosa voglio e posso averne una parte.
4. So che cosa voglio e posso averlo tutto.
5. Ho quello che voglio.

Queste fasi rappresentano una progressione. Ciascuna vi porta un po' più vicino alla vostra vita ideale. Con le soluzioni creative, salite gradino dopo gradino fino ad avere quello che volete.

Nei vari settori della vostra vita è possibile che vi troviate su livelli differenti: sul gradino più alto nel rapporto con il vostro corpo, sul più basso con la carriera, a metà strada con le relazioni interpersonali. Se voi vedete su quale gradino vi trovate, potete decidere qual è il successivo a cui arrivare e come farlo.

Ma prima di tutto è necessario il primo passo, uscire da *Non so*. Se necessario, ponetevi una delle domande cruciali:

1. Se *sapessi*, che cosa farei?
2. Come mi comporterei se tutto dipendesse solo da me?
3. Se non fossi condizionato in vari modi, che cosa farei?

Le risposte potrebbero farvi vedere improvvisamente chiaro e condurvi a soluzioni creative. Siate aperti a tutte le possibilità che emergeranno. Non dovrete necessariamente attuare una delle soluzioni creative, ma datevi almeno la possibilità di valutarle prima di scartarle.

Il fattore tempo

Alcune opportunità devono essere necessariamente scartate perché capitano nel momento sbagliato. L'opportunità può sovraccaricarvi, sbilanciarvi, causarvi troppo stress, crearvi troppe relazioni da gestire, o forse avete già in ballo troppe cose o non siete in grado di reggere finanziariamente o non avete le persone giuste a cui delegare parte dei compiti. O forse, più semplicemente, l'opportunità arriva troppo tardi, o troppo presto per voi.

Due esempi. Rachele era l'assistente di un agente cinematografico all'interno di una grande agenzia e sognava di poter diventare agente a sua volta. Quando i responsabili dell'agenzia licenziarono il suo capo e le proposero di prenderne il posto, lei fu inizialmente affascinata dall'idea, ma riflettendo si rese conto di non essere ancora all'altezza del compito, di non aver imparato abbastanza per non essere solo un agente, ma un *buon* agente come voleva. Così respinse l'offerta. L'opportunità si era presentata troppo presto per lei.

Marlene, pediatra in un ospedale, aveva deciso di lasciare il lavoro per aprire uno studio privato con altri due colleghi. Poco prima di informare l'ospedale di quella scelta, si vide offrire la direzione dell'intero reparto di pediatria. Sulle prime ne fu lusingata, poi si ricordò del motivo che l'aveva convinta a lasciare l'ospedale: l'eccessiva burocrazia, che molto spesso ostacolava lo svolgimento dell'attività medica. Consapevole di questo, Marlene declinò l'offerta e si dedicò alla libera professione. L'opportunità era arrivata troppo tardi.

Molto nella vita dipende dal tempo. Il momento deve essere quello giusto per incontrare l'anima gemella, per trovare il lavoro ideale e per cogliere un'opportunità. Se l'occasione arriva in un periodo sbagliato, lasciatela passare. Saprete riconoscere il momento per afferrare la successiva.

Il fattore costo

Spesso l'opportunità può rivelarsi troppo onerosa e costare più di quanto renderebbe. Una decisione equilibrata deve tenerne conto: valutate bene quali potrebbero essere le conseguenze su ogni aspetto della vostra vita, sugli altri e su voi stessi e tenetene conto al momento di scegliere.

Eleanor era una psicologa del lavoro e prestava la propria opera da alcuni anni in una struttura privata, quando una delle più importanti società immobiliari del paese le offrì di entrare nel gruppo come consulente. Per lei era un'occasione stimolante, che però esigeva alcuni radicali cambiamenti dello stile di vita, per gli orari lunghi, la necessità di viaggiare per il settanta per cento del tempo e l'obbligo di essere disponibile due week-end al mese per dei seminari. Eleanor ne parlò con il marito, che decise di occuparsi in vece sua dei due figli adolescenti. A quel punto Eleanor decise che l'opportunità era semplicemente favolosa e accettò l'offerta.

Il lavoro si rivelò interessante e appagante, ma anche troppo impegnativo. Eleanor dopo tre mesi si scoprì esausta: spesso rincasava dopo le undici e crollava sul letto quasi senza vedere i suoi cari. Inoltre aumentò di peso e a causa dello stress diventò sempre più scontenta e irritabile. Alla fine, comprese che quel lavoro aveva danneggiato la sua famiglia, per non parlare della sua salute. Il costo superava i benefici ed Eleanor si rassegnò e tornò al suo impiego originario, che le permetteva una maggiore disponibilità di tempo. Quando, circa un anno dopo, le si presentò un'altra occasione simile, con uguale dispendio di tempo e impegno, Eleanor non ci mise molto a respingere la proposta, riproponendosi di accettare un impegno professionale così faticoso quando i ragazzi fossero stati all'università.

Le opportunità troppo onerose non vanno mai prese in considerazione. Semplicemente, non sono quelle giuste per voi.

Dopo aver scelto

Quando avete deciso se cogliere o meno l'opportunità, mettete la vostra scelta per iscritto, con tanto di data, e informatene la vostra cerchia più intima di amici o parenti. Farlo è importante perché stabilisce un controllo esterno; è un metodo molto usato da chi cerca di modificare il proprio comportamento, per esempio smettere di fumare. Con la prospettiva di un controllo esterno da parte di qualcuno che conosce le vostre intenzioni, è meno facile andare fuori strada.

Ogni scelta implica l'abbandono della vostra zona di sicurezza e l'accettazione di un rischio. Quando la vostra mente se ne rende conto, può spingervi a modificare la scelta. *Ho cambiato idea, Ho chiesto in giro e mi hanno detto che è troppo rischioso, Non me la sento di lasciare il mio lavoro, è un posto sicuro*: nel settore delle vendite queste reazioni sono definite «rimorso del venditore». Nell'ambito della motivazione personale le chiamiamo i *Sì, ma...* che compromettono le scelte.

Quando sapete quello che volete e sentite in voi la scintilla dell'eccitazione, scrivetelo, chiedete aiuto ai vostri intimi e impegnatevi in quella scelta. Incominciate ad agire e smettete di pensare.

Non esitate. Non perdete tempo in chiacchiere. Non aspettate.

Non datevi la possibilità di rinnegare.

Quando avrete scelto, il vostro io, il vostro spirito critico e le vostre paure, cioè tutti i vostri meccanismi di difesa, si attiveranno per cercare di dissuadervi. In più, i negaolisti intorno a voi vi assaliranno mostrandovi i vostri limiti. Non cedete. Per quanto la vostra determinazione interiore possa essere forte, perché testarla contro le forze combinate dei vostri dubbi e degli ostacoli esterni?

Avventurarsi nell'ignoto

«Il problema è che se non rischiate tutto rischiate anche di più.»

ERICA JONG

La scelta vi guiderà nell'immensità dell'ignoto. Scegliere qualcosa di nuovo può essere sconvolgente, ma può essere anche una delle sensazioni più inebrianti nella vita.

Quando avevo poco più di vent'anni e facevo teatro, mi fu proposto di andare a New York e recitare in *Come vi pare* di Shakespeare al Central Park. Il sogno della mia vita, il classico sogno che si pensa non possa mai realizzarsi. E adesso stava per diventare reale!

Accettare significava lasciare temporaneamente l'università, la mia casa e mio marito, appena sposato, per andarmene da sola a New York. Eppure era il sogno della mia vita e, anche se razionalmente sentivo che era una follia, la mia voce interiore mi spinse a realizzarlo. Sapevo che non mi sarei mai perdonata se avessi perso un'occasione simile.

Così partii per New York e recitai nella commedia. Fu una delle più belle estati della mia vita. Senza garanzie, senza promesse, senza guide, mi ero affidata totalmente all'istinto.

Di recente ho recuperato una foto di quel periodo, dove appaio in costume di scena sotto un albero del Central Park: in quella foto ho il viso radioso, risplendo letteralmente di felicità. Quando l'ho mostrata a un'amica, mi ha chiesto di averne una copia per tenerla sulla scrivania e ricordarsi che assumersi dei rischi è uno dei modi più sicuri per portare la gioia nella nostra vita.

Assumersi dei rischi

Assumersi un rischio significa spingersi oltre la zona di sicurezza per fare qualcosa che non dà nessuna garanzia. Significa assecondare un fremito, prestare attenzione all'eccitazione interiore. Significa fare qualcosa che non è logico, né razionale, né ragionevole, ma piuttosto istintivo. Significa andare contro le convenzioni per seguire la canzone del cuore.

Assumersi dei rischi vuol dire essere sicuri di sé e al tempo stesso accettare di poter sbagliare. Che le vostre speranze ne vengano appagate o meno, l'esperienza vi avrà comunque insegnato molto.

Il rischio è un ponte sul baratro tra il vostro mondo sicuro e la nuova vita che desiderate. Al momento di attraversare il ponte non c'è più nessuna sicurezza, anche se fino a lì avrete messo in atto tutte le vostre doti, l'impegno, la diligenza, la capacità di analisi e di decisione. Adesso dovete solo muovervi, inoltrarvi in una landa sconosciuta, dove spesso vi sembrerà di camminare nel vuoto, senza punti di riferimento. Senza niente sotto di voi e niente a cui aggrapparvi, dovete avere assoluta fiducia in voi stessi. Una sensazione più vicina di ogni altra al volo emozionale.

Il motto della Nike è *Just do it!* Fallo e basta. Naturalmente è cosa più facile a dirsi che a mettersi in pratica, ma a un certo punto non c'è altra possibilità. Dopo ogni analisi e ogni valutazione, dopo tutto, è il momento di buttarsi.

Farlo o non farlo? Se decidete che è meglio soprassedere, allora tornate indietro. Se decidete di volerci provare, allora dovete avventurarvi nell'ignoto e correre il rischio.

Siete pronti?

Attenzione alla pista del coniglio

«La strada verso il successo è piena di parcheggi molto invitanti.»

STEVE POTTER

Qualche volta lungo il cammino può capitare di incontrare una deviazione che sembra stimolante e, imboccata, si rivela invece una pista che non porta da nessuna parte se non a una tana di coniglio, un vicolo cieco che vi ha allontanato ulteriormente dalla vostra destinazione finale e che può anche costarvi molto in termini di tempo, di impegno, forse anche di denaro e altre risorse.

Seguire quella pista non è né una falsa opportunità né un'occasione perduta, ma una scelta consapevole, da cui imparerete senz'altro qualcosa.

Deviazioni dal percorso

Perché le persone decidono di deviare? Spesso perché si crede di aver trovato una scorciatoia verso il successo o perché quella deviazione promette qualcosa di estremamente lusinghiero. Qualunque ragione le motivi, le deviazioni sono frequenti e normalmente non si verificano una sola volta nella vita di una persona. La cosa migliore da fare è prestare attenzione. Evitare la trappola.

Immaginate di volervi sposare. Stabilito questo obiettivo, ecco che fate di tutto per trovare la persona giusta. Poi, a un certo punto, incontrate qualcuno che non sposereste mai perché sapete benissimo che non è la persona giusta per voi, ma ve ne sentite attratti e iniziate una relazione occasionale.

Se il vostro obiettivo fosse sperimentare partner diversi, tutto sarebbe a posto. Ma il vostro fine è sposarvi e allora quella persona è la pista del coniglio sul vostro cammino. Champagne e notti folli possono essere divertenti, ma alla fine avrete bisogno di tempo e sforzo per ritrovare la vostra via originaria e raggiungere l'obiettivo.

Io non ho niente contro il divertimento, anzi ne sono un'accanita sostenitrice perché il divertimento è in definitiva la vera realizzazione dei sogni. Se avete un obiettivo che vi renderà felici, fate assolutamente in modo da evitare qualunque deviazione che possa impedirvi di raggiungerlo.

Howard era un uomo d'affari specializzato in investimenti immobiliari. Il suo sogno? Possedere un piccolo hotel su un'isola dei Caraibi, da gestire e destinare a *buen retiro* per sé e la moglie dopo la pensione. Realizzare questo progetto richiedeva capitali considerevoli e duro lavoro, ma Howard era all'altezza del compito. Però c'era un problema: Howard non sapeva rinunciare a nessun buon affare immobiliare: un anno era un garage a Manhattan, un altro un palazzo adibito a uffici nel New Jersey. Ognuna di queste operazioni gli sottraeva gran parte del denaro accantonato per il progetto dell'hotel, oltre che il tempo e le energie necessarie per realizzarlo. Howard non sapeva dire no nemmeno a proposte divertenti e costose, come i viaggi in Europa con gli amici.

E ogni volta, a ogni investimento o a ogni viaggio di piacere, a ogni deviazione liberamente scelta, il suo sogno caraibico si allontanava.

Come riconoscere la pista del coniglio

Per riconoscere la pista del coniglio ci sono tre indizi precisi.

Primo: tutte, indistintamente, sembrano *veramente* allettanti. Sono opportunità soffici e colorate come certi dolci di zucchero che non potete fare a meno di comprare, ma che, appena assaggiate, si scoprono deludenti.

Secondo: mirano al breve e non al lungo termine. Offrono gratificazione e ricompensa immediate, ma alla distanza lasciano insoddisfatti.

Terzo: generalmente mettono sulla difensiva chi le

segue. Vi invitano a buttare al vento la cautela e poi a difendere le vostre scelte da chi le discute. Se scoprite di avere un atteggiamento difensivo sulla ragione che vi spinge a seguire una certa strada (*Ne ho «bisogno», Non «voglio» sentirmi in colpa riguardo a questo*), ci sono buone probabilità che stiate andando dritti verso la tana del coniglio.

Attenzione, evitare queste trappole non richiede sacrificio, ma impegno: saper dire no a qualcosa che volete adesso per ottenere qualcosa che desiderate avere in seguito.

Allo stesso modo la rinuncia a una fetta di torta al cioccolato, se volete perdere dieci chili, può essere un sacrificio se considerate il momento contingente, ma sarà un impegno se non perdete di vista l'obiettivo finale.

Morale: la pista del coniglio porta a soddisfazioni a breve termine; le opportunità reali sono possibilità di aver successo negli obiettivi a lungo termine. Tutto dipende da quello che è più importante per voi: godervi un minuscolo assaggio subito o l'intero banchetto più avanti. La scelta è vostra.

Nella vita di ogni giorno, le opportunità si presentano regolarmente sotto forme diverse.

Se presterete attenzione, saprete individuarle. Se

ascolterete il vostro istinto, crederete in voi e non sarete distratti da deviazioni inutili, potrete scegliere le opportunità che vi guideranno al successo.

Ricordate: le opportunità là fuori ci sono sempre. Il punto è saper riconoscere quelle che fanno per voi.

Regola Sette

Ogni sconfitta nasconde una lezione

Lungo il cammino non mancheranno
le delusioni da cui trarre indicazioni preziose
per raggiungere il successo.

Il successo e il fallimento sono inscindibilmente connessi, come la luna e le maree. Come c'è un equilibrio in natura, così per gli uomini è garantito un equilibrio attraverso una continua sperimentazione di alti e bassi. C'è una grande verità nel detto popolare: «Non si può conoscere la dolcezza del successo se non si è assaggiata l'amarezza del fallimento». Non si può sperimentare la gioia della piena realizzazione se non si è passati attraverso le avversità, le sconfitte più dure o delusioni tanto profonde da incutere la paura di riprovare.

Quasi tutte le persone di successo hanno sperimentato la sconfitta. Probabilmente hanno visto i loro sogni infranti, le loro aspirazioni derise e i loro progetti respinti. Hanno dovuto affrontare frustrazione, rifiuto e mortificazione, imparando però come ripartire dopo quei cedimenti.

Sì, preferiremmo avere successo sempre e subito, ma purtroppo le cose non vanno così e senz'altro ci imbatteremo in ostacoli di ogni genere, che bloccano o ritardano il cammino.

Ne incontrerete anche voi, sul vostro percorso, state certi. Non mancheranno mai: cadrete, vi farete male e, molto probabilmente, vi sentirete anche annientati e sopraffatti. In quei momenti la sfida sarà ricorrere alla vostra sorgente di determinazione interiore per risollevarvi dopo la caduta, togliervi di dosso la sabbia dell'imbarazzo, dell'orgoglio ferito o della fiducia scossa e andare avanti. Naturalmente, prima di tutto dovrete concedervi il tempo di analizzare quell'esperienza, in modo da sentirvi meglio, costruirvi una vostra prospettiva e imparare dall'accaduto.

Se volete avere successo, dovrete fronteggiare sconfitte e fallimenti e scoprirne il valore. Nessuno vuole le delusioni, ma nella vita non mancano. E allora si deve imparare a usarle come opportunità per crescere e poter continuare il cammino.

Davanti alla sconfitta: arrendersi o proseguire?

«Io non mi scoraggio, perché ogni tentativo fallito è un altro passo avanti.»

THOMAS A. EDISON

Quando capitano le delusioni, vi trovate subito di fronte a una scelta: cedere, gravati di recriminazioni e considerandovi degli sconfitti, oppure analizzare l'esperienza e decidere che si deve insistere malgrado quella disavventura. In altre parole potete arrendervi o continuare.

Un atteggiamento disfattista

La prima opzione è la più istintiva e immediata. Come accade con un lutto, ci si rifugia nella negazione: fa male vedere i propri sogni infranti e allora ci si nasconde, si mette la testa sotto le coperte e ci si chiude in se stessi. È normale, ma diventa un problema se con il tempo questo atteggiamento non viene superato.

Quello che è accaduto a Daniel lo dimostra nel modo migliore. Il sogno di Daniel era essere ammesso ad Harvard: fin da ragazzino si era sempre immaginato con i colori cremisi e oro e per raggiungere questo obiettivo non si era mai risparmiato, studiando molto al liceo, andando oltre il programma scolastico e cercando in ogni modo di essere ben visto dal collegio docenti. Sfortunatamente, però, il punteggio di Daniel alle prove di ammissione non fu abbastanza elevato e Harvard non accettò la sua domanda.

Per Daniel fu un colpo terribile. Il giorno in cui ricevette dal college la comunicazione si chiuse in camera con la busta tra le mani e rimase là per tutta la sera. Anche se nei mesi successivi i suoi genitori cercarono di consolarlo e di convincerlo a chiedere l'ammissione ad altri college, anche prestigiosi, che l'avrebbero senz'altro accettato senza difficoltà, Daniel non fece niente e alla fine, con grande disperazione dei suoi, annunciò che non sarebbe andato al college. Il rifiuto di Harvard aveva profondamente minato la sua fiducia in se stesso. Ma i suoi genitori non si arresero e lo convinsero a consultare un affermato psicoterapeuta che, pur con grande fatica, riuscì a far riprendere a Daniel sufficiente autostima. La primavera successiva Daniel venne da me e, con il programma che studiammo insieme, riuscì a entrare senza problemi alla Duke University.

Ma ci sono anche persone che inconsciamente scelgono la sconfitta come modus vivendi e diventano colleriche e aspre. Ne avrete viste anche voi, vanno in giro portandosi dietro la loro sconfitta come un distintivo e a questa sconfitta tornano sempre, soprattutto quando la vita propone loro delle sfide. Il loro fallimento originario li porta ad avercela con il mondo intero. Queste persone sono oppresse da un fardello che esse stesse si sono create e credono che il destino sia loro avverso, sempre. La causalità non fa parte della loro realtà.

A quarantacinque anni, Sofia era una brillante dirigente di una società di telecomunicazioni e da anni si impegnava per diventare responsabile operativa. Le sue capacità erano indiscutibili e quando l'incarico si rese disponibile nessuno in azienda, tanto meno lei, dubitò che glielo affidassero. Ma la società decise altrimenti, scegliendo una persona più giovane per «infondere nuove energie alla compagnia». Sofia la prese malissimo. Il suo disappunto era ovvio, ma lei avrebbe potuto reagire in modo positivo, cogliendo l'occasione per cercarsi un altro posto di lavoro o, comunque, nuove opportunità. Invece lei scelse di concentrarsi sulla rabbia e sul risentimento: incominciò a trascurare i suoi impegni di lavoro e ad aggirarsi per gli uffici perennemente imbronciata. Così facendo, si rese sgradita a colleghi e superiori e compromise le sue possibilità di carriera in azienda.

Sofia venne da me, ma io rinunciai a seguirla quando rifiutò di ammettere la propria responsabilità per non voler superare il risentimento e il muro dell'ostilità, preferendo un rovinoso vittimismo. Non so se oggi Sofia sia riuscita a capire che tutto quello che doveva fare per rimettersi sulla via del successo era analizzare il disappunto, liberarsi della rabbia e pianificare il modo di ripartire.

Scegliere la ripresa

Scegliere la ripresa è senza dubbio la soluzione migliore. È l'unico modo per confrontarsi con la sconfitta e la rabbia, analizzarle, considerare l'esperienza in prospettiva e andare avanti.

Adagiarsi nel fallimento tiene bloccati in una terra di nessuno. Siete a un bivio: un cartello indica la vita, l'altro i rimpianti. Se continuate a concentrarvi su quello che sarebbe potuto essere invece che su ciò che è, voi negate la vostra realtà attuale. Come potete pretendere di andare avanti se restate intrappolati nel passato?

I fallimenti forgiano il carattere, permettono di distinguere la fortuna dal vero successo. Forte e saggio non è colui che vince al primo colpo, ma chi dà tutto se stesso anche dopo una sconfitta. Soltanto questa persona saprà assaporare il gusto della vittoria.

Tutto dipende da come considerate l'esperienza che avete fatto: è un fallimento senza possibilità di recupero o un semplice contrattempo, un ostacolo momentaneo sulla via del successo?

Perseveranza: la via della persona determinata

«Mai, mai, mai arrendersi.»
WINSTON CHURCHILL

La determinazione è uno stato mentale di impegno verso un risultato, un impegno a qualunque costo. Le persone determinate non considerano gli ostacoli barriere invalicabili, ma si sforzano in ogni modo di superarli e far sì che ciò che sembra impossibile accada. Se siete determinati, non prenderete nemmeno in considerazione l'opzione «resa». Continuerete, sempre e comunque.

Erica e Jerry erano una giovane coppia texana con un unico desiderio: avere un figlio. Dopo un anno di tentativi inutili, avevano sperimentato senza esito dei farmaci che favorivano la fertilità e avevano provato anche la fecondazione *in vitro*, fino a quando una serie di accurati esami del sangue non aveva rivelato una rara anomalia genetica che non avrebbe mai permesso loro di diventare genitori. Malgrado lo sconforto e la disperazione, Erica e Jerry non si arresero e pensarono di ricorrere a una madre in affitto. Dopo essersi documentati con ogni mezzo, anche incontrando coppie che avevano avuto un figlio con quell'espediente, si resero conto che non era la strada giusta per loro e considerarono l'adozione. Sei mesi dopo aver contattato tutte le agenzie e gli orfanotrofi del paese, finalmente volarono a Seattle per assistere alla nascita della loro bambina, la figlia di una giovane donna che aveva deciso di darla in adozione subito dopo il parto.

Oggi Erica e Jerry sono genitori felici. A dispetto di tutte le circostanze contrarie, non hanno mai voluto arrendersi, hanno speso ogni loro risorsa (tempo, energia, finanze) senza permettere alla frustrazione di avere il sopravvento. Sono stati determinati.

Le persone determinate tracciano nuove impronte nella neve. E se si dice loro: «Non funzionerà!» cercheranno un altro modo perché la cosa funzioni. Le persone determinate, alla fine, hanno sempre successo nei loro tentativi.

La determinazione ha spinto nel 1961 John F. Kennedy a dichiarare che avrebbe mandato un uomo sulla Luna entro dieci anni.

La determinazione ha convinto Walt Disney a perseverare nel suo sogno creativo, malgrado cinque dichiarazioni di bancarotta.

La determinazione ha portato Michael Jordan a

non abbandonare il basket anche dopo essere stato escluso dalla squadra del suo liceo.

La determinazione ha senz'altro incitato John Grisham a continuare a scrivere fino a vendere milioni di copie dei suoi romanzi, dopo che, agli inizi, ben trentacinque editori avevano rifiutato un suo libro.

È a persone come queste che dovete pensare quando state per arrendervi. Io lo so, perché è successo anche a me, alcuni anni fa.

Dal 1979 il successo dell'attività di consulenza avviata con la mia socia era tale che per cinque anni avevamo visto raddoppiare annualmente il nostro fatturato; di conseguenza avevamo anche ampliato i nostri programmi e lo staff di collaboratori. Per questo, vista la necessità di crearci una sede operativa adeguata, affittammo un grandissimo spazio a San Francisco, dove avrebbero trovato posto gli uffici della società e tre sale per seminari. Un progetto meraviglioso, un sacco di clienti, ottimismo più che fondato. Poi, dopo aver speso trecentomila dollari per il design e l'arredamento, la brutta sorpresa: non potevamo tenere più di un seminario alla volta. Il progettista non aveva tenuto adeguatamente conto delle nostre esigenze, peraltro espresse con chiarezza, e in ogni sala si sentiva tutto quello che succedeva nelle due adiacenti. Per noi era indispensabile che i clienti potessero esprimersi liberamente durante i seminari e l'insonorizzazione difettosa rendeva impossibile lavorare. Al massimo, avremmo reso a un terzo delle nostre possibilità. Tutti i programmi saltavano.

Fu un colpo terribile. Per l'errore di un altro, andavano in fumo il lavoro e i sacrifici fatti per anni e i nostri investimenti erano a rischio.

Una parte di me fu sopraffatta da quella che sembrava una difficoltà insormontabile: mi sentivo come una bambina indifesa, disperatamente bisognosa di aiuto, e incominciai a pensare alla resa.

Ma, fortunatamente, c'era un'altra parte di me, la più grande, che rifiutava quella prospettiva. In fondo non ero io ad aver aiutato per anni e anni manager e aziende a uscire da difficoltà simili? Editori, banche, industrie… grazie a me e ai miei consigli erano riusciti a superare crisi in apparenza fatali, vincendo l'istinto di arrendersi. Era il mio lavoro, no? Io sapevo che in astratto la determinazione rendeva possibile riprendersi e sapevo anche come applicare la possibilità astratta alla mia realtà contingente. Così reagii e con i miei collaboratori discussi tutte le possibilità. Alla fine, la mia socia Barbara ebbe l'idea vincente: subaffittare gli uffici, ridimensionarci e ricominciare a lavorare, pagando via via i debiti. I creditori si dissero disposti a darci fiducia e a collaborare. Riprogrammata tutta l'attività di consulenza, ripartimmo da zero. Per qualche anno fu dura, ma alla fine i fatti ci diedero ragione: non avevamo più debiti e ricominciavamo anche a guadagnare. Adesso, vent'anni più tardi, continuiamo a offrire consulenza, a organizzare seminari e a soddisfare clienti in ogni parte del pianeta. Adesso cavalchiamo ancora l'onda del successo, negli Stati Uniti e nel mondo.

Non è stato facile e in certi momenti non è neppure stato piacevole, ma con l'impegno di tutti ha funzionato. Oggi posso anche dire che l'esperienza ci ha insegnato molto: la necessità di abbandonare la struttura colossale originaria per andare letteralmente «dalla» gente invece che aspettarla nei nostri uffici di San Francisco ci ha permesso di mettere a punto un servizio di consulenza più rispondente alle esigenze del pubblico, più flessibile e, in qualche modo, «virtuale» prima ancora che il termine diventasse di uso comune.

È successo anche a voi, di vivere una situazione di crisi e trasformarla in opportunità? Anche voi, grazie alla determinazione, avete realizzato quel che sembrava impossibile?

Siatene fieri, perché queste esperienze formano un carattere forte. Ricordatevi di quei momenti quando vivrete fasi critiche, per fare ancora ricorso alla perseveranza e superare la difficoltà. Lo hanno fatto altri, potete farlo anche voi.

Tutto quello che serve per andare avanti è la determinazione.

La spina del disappunto

«Perché l'uccello possa volare, il guscio dell'uovo deve rompersi.»

LORD ALFRED TENNYSON

Le delusioni e gli ostacoli sono parte della vita, ma se volete avere successo dovete metterli in preventivo. Non per esserne ossessionati al punto da non pensare ad altro, ma per sminuirli e diventare più forti. Se accettate in partenza la situazione peggiore, non ne avrete paura perché saprete che non presenta lati oscuri.

Il paradosso è controllare simultaneamente il balenare della possibilità e la realtà della delusione.

Anticipare i fallimenti

Amanda era alla vigilia di un'importante audizione che poteva farle realizzare il sogno della sua vita: entrare in una famosa compagnia di danza moderna, che per la prima volta dopo anni permetteva l'ingresso a giovani di talento. Amanda studiava danza da quando aveva dodici anni e da sei mesi si stava preparando in ogni modo per quell'appuntamento cruciale, ma, a pochi giorni dall'audizione, andò in crisi, letteralmente terrorizzata dalla prospettiva di fallire. Fu un'amica a consigliarle di interpellarmi. Quando la vidi, sconvolta e bianca come uno straccio, le chiesi che cosa la spaventasse tanto nell'audizione.

«Ho così paura che farò un disastro e non mi sceglieranno e allora tutto quello per cui ho lavorato sarà stato inutile», rispose.

«Qual è la cosa peggiore che può succedere?» le chiesi allora.

«Potrei fare una figuraccia all'audizione.»

«E allora?»

«Allora non mi prenderebbero nella compagnia.»

«E allora?»

«Allora dovrei ricominciare da capo.»

«E potresti sopravvivere, a una prova del genere?»

Amanda ci pensò un attimo, poi annuì: «Sì, credo che potrei!»

Nel momento stesso in cui lo disse sembrò sollevata e sorrise per la prima volta da quando era entrata nel mio studio. Non avrebbe potuto accadere, prima che lei ridimensionasse la sua paura di fallire e vedesse nella giusta prospettiva l'eventualità peggiore. Prima di capire che niente, nemmeno essere respinta dalla compagnia di danza, l'avrebbe distrutta emotivamente o sconfitta.

Voi potete anticipare le delusioni o i fallimenti senza necessariamente rimuginarci troppo. Immaginate di sciare: se continuate a pensare che cadrete, molto probabilmente succederà. Se invece, pur consapevoli di poter cadere, vi concentrate sullo sci, ci sono molte meno probabilità che vi ritroviate seduti nella neve.

Il trucco è ammettere che possa verificarsi un fallimento senza farsi sopraffare da quell'idea.

Analizzare la sconfitta

Abbiamo già detto che una sconfitta è come un lutto: per ricominciare bisogna accettarlo e non limitarsi a negarlo.

Di fronte alle aspettative deluse si possono avere diverse reazioni, che a volte si vorrebbero eliminare perché risultano intollerabilmente dolorose. Ma non affrontare la situazione vi porterà a ricadere negli stessi fallimenti e a soffrirne ancora, perché non li avete saputi gestire e superare la prima volta. Le lezioni vanno ripetute finché si imparano.

Tre sono i campi in cui affrontare, analizzare e superare la delusione per un fallimento: pragmatico, psicologico ed emotivo.

Il campo pragmatico

Immaginate di essere licenziati. Perdere il lavoro implica una serie di conseguenze pratiche: raccogliere le proprie cose, sbrigare tutte le pratiche burocratiche di fine rapporto, occuparsi della propria situazione finanziaria.

Immaginate invece di aver rotto un rapporto affettivo cui tenevate molto. Allora bisognerà, per esempio, gestire praticamente la separazione, con la spartizione dei rispettivi averi, e organizzare il vostro tempo senza quella persona accanto.

Concentrarsi sulle incombenze pratiche è importante e necessario, perché vi dà subito la possibilità di pensare a un'azione, anche se minima. Prendersi cura di se stessi e di quello che bisogna fare infonde energia e prepara a ricominciare.

Il campo psicologico

La seconda fase del processo di analisi vi porta a chiarire il reale significato di quel fallimento per voi.

Chi ha perso il lavoro si troverà a chiedersi chi è veramente, senza più la disponibilità delle carte di credito dell'azienda e la tessera della previdenza sociale. Dovrà ridefinire e riclassificare se stesso, evitando l'errore comune di confondere chi si è con quello che si fa. Più semplicemente, dovrà sapere che cosa rispondere quando gli chiederanno: «E adesso?»

Perdere un lavoro può anche diventare un'occasione per rinnovare la stima in se stessi.

Una volta ho seguito il difficile recupero psicologico di un chirurgo che era caduto in profonda depressione dopo aver perso un giovane paziente sul tavolo operatorio; quando ci si sente responsabili, occorre assolutamente cercare di analizzare la cosa e inquadrarla nella giusta prospettiva: accettare che può accadere.

Quando la sensazione di fallimento sotto il profilo psicologico diventa opprimente, può essere molto utile chiedere aiuto: a un consulente specializzato, a un terapeuta o anche a un amico fidato. Farlo non significa ammettere di essere deboli, ma abbastanza accorti da trovare un sostegno nel mondo esterno.

Il campo emotivo

In campo emotivo l'analisi è più difficile e, per molti, anche più prolungata. Impacchettare le vostre cose per aver perso un lavoro è molto più tangibile delle vostre emozioni al riguardo. Immaginate di aver lavorato bene (anzi, in modo eccellente) e di perdere il posto per un riassetto di organico dopo che la vostra azienda è stata assorbita da un'altra: era un'eventualità possibile, l'avete sempre saputo, ma adesso che è accaduto non è facile, emotivamente, accettare la situazione. Dopo tutto, capire è psicologico, sentire è emotivo.

Molto spesso le persone cercano di razionalizzare un'esperienza di perdita motivandola con spiegazioni logiche, ma non serve, perché i sentimenti sono irrazionali.

Le emozioni hanno buon gioco anche sul più cinico «pensatore» e analizzarle può essere più lungo, meno agevole e meno controllabile di quanto si creda. Eppure per ricominciare si deve farlo.

Non ignorate i vostri sentimenti, viveteli fino in fondo. Se ne avete voglia, piangete, urlate, ridete, sfogate la vostra rabbia. Se serve, anche, autocommiseratevi un pochino. I sentimenti devono seguire il loro corso naturale, manifestarsi. Se li reprimete, non farete altro che impedirvi la via della ripresa.

Confrontarsi con la crisi

George aveva avuto un'idea per un sito web che considerava fantastica e di sicuro successo. Si era accostato a Internet quando ancora non era diffuso, quindi ne conosceva ogni segreto ed era anche abile negli affari. Così, dopo aver letto di tutti quelli che avevano fatto fortuna con dei siti di e-commerce, aveva deciso di buttarsi nella mischia.

Per farlo, si era licenziato dalla banca dove ricopriva una posizione di prestigio, ottenendo senza problemi cospicui finanziamenti da investitori privati per avviare l'impresa, affittare un ufficio e assumere del personale. Per tutto il mese precedente l'apertura del sito web, George e i suoi lavorarono in continuazione, giorno e notte, riducendosi a un fascio di nervi, ma fiduciosi nella ricompensa futura.

E in effetti, dopo il lancio del sito, le prime risposte del pubblico furono entusiaste. In seguito, però, la situazione precipitò: il numero di utenti paganti era solo un quarto del previsto. George e il suo staff si impegnarono allo spasimo su tutte le vie percorribili, investendo ancora denaro in campagne pubblicitarie e di marketing, ma inutilmente.

Tre mesi dopo l'inizio dell'attività, i debiti rischiavano di sopraffare la società: molti collaboratori se ne andarono e buona parte degli sponsor del sito non rinnovarono i contratti. George non aveva altra scelta che dichiarare bancarotta.

Farlo fu terribile. Firmato l'ultimo documento, chiusa per l'ultima volta la porta del suo ufficio, George crollò. Aveva deluso chi aveva investito sulla sua abilità (persone che in gran parte erano vecchi amici e colleghi) e questo fu un colpo durissimo per la sua autostima.

Dopo mesi di spaventosa depressione, però, con

l'aiuto della famiglia e degli amici George iniziò un lento processo di ripresa, realizzando di voler realmente una cosa sola: tornare al vecchio lavoro. Oggi George ricopre un incarico importante in un'altra banca ed è felice, ma non rinnega la sua esperienza imprenditoriale. Anzi, afferma che non avrebbe mai saputo di non essere portato per un'attività in proprio, se non ci avesse provato.

La tenebra in cui George ha vissuto prima della ripresa viene definita «effetto trampolino»: tanto più in basso vi consentite di scendere, tanto più in alto potete risalire. Ma è anche importante avere degli appigli che vi impediscano di cadere così in basso da non poter più risalire.

Ancora una volta, un paradosso: concedersi l'intera esperienza dell'annichilimento senza «convincersi» che sia irreversibile. Come la Fenice risorge dalle sue ceneri, così la trasformazione si verifica non appena l'io essenziale di una persona affiora dai resti della sua proiezione irreale.

Quando si affronta una crisi, quindi, è importante vedervi un'opportunità, un valore positivo. Chi sopravvive a un dramma ha ciò che serve per fare grandi cose: la chiave di tutto è sapere come ripartire.

Risalire

«Il successo non si misura da ciò che fate quando siete in alto, ma da quanto sapete risalire dopo essere caduti in basso.»

George S. Patton

Risalire è una della chiavi più importanti per raggiungere il successo. Quando si è creduto di non poter superare una dura prova, scoprirsi sopravvissuto: è una consapevolezza importante, che viene definita «essere nel presente». Voi non rimuginate più in continuazione sul passato e su ciò che è stato, ma siete pronti per «essere presenti», nella realtà e nel momento attuali.

Il pensiero successivo è che ci può essere un futuro. Pensando al futuro guardate avanti e immaginate di avere delle opzioni. A quel punto entrerà in gioco la vostra creatività, permettendovi di puntare nuovamente al successo e di procedere passo dopo passo, obiettivo dopo obiettivo; allora sarà necessario decidere se è preferibile continuare a lavorare verso l'obiettivo originario o formularne un altro. Si dovrà tracciare un nuovo piano di azione che tenga conto delle lezioni apprese dalla momentanea caduta e, se è il caso, rivedere i propri programmi.

Dopo una delusione, i vostri obiettivi non saranno

grandiosi, ma passettini da bimbo, che voi non dovrete considerare insignificanti rispetto alle vostre progressioni trionfali prima del fallimento, né giri viziosi dovuti all'incertezza sul da farsi: saranno soltanto nuovi passi in avanti verso il vostro futuro. Questo dovrete essere assolutamente sicuri di saperlo fare. Se mi è permesso il gioco di parole, voi dovete «andare piano sull'andare in fretta».

Ma non è tutto. Quando avrete riacquistato fiducia in voi stessi e vi sentirete pronti a ricominciare, aspettate ancora un istante: il tempo necessario per ringraziare chi vi ha sostenuto nel momento della crisi e per celebrare la vostra uscita dalle tenebre verso un nuovo futuro. Non trascurate di farlo, è importante.

La lezione dell'insuccesso

«Niente educa come le avversità.»
BENJAMIN DISRAELI

Certo non è facile nel bel mezzo di una crisi considerare l'opportunità di trarne una lezione, soprattutto se l'unico pensiero è: *Ma perché proprio a me?*

Solo esaminando l'esperienza in prospettiva ci si potrà chiedere: *Che cosa posso imparare da questa delusione?* oppure: *Ci voleva questo per imparare che...* Pensarlo, vi mette nella giusta disposizione d'animo per assimilare un insegnamento di cui far tesoro in seguito.

Non esiste nessuna esperienza negativa o delusione o tragedia da cui non si possa imparare qualcosa. Le persone di successo sanno farlo, uscendo vincenti da situazioni in cui altri si considerano soltanto vittime. Ma quali sono queste lezioni? Dipende da voi, da chi siete.

- Se volete avviare una vostra attività: *coraggio* e *fiducia in voi stessi.*
- Se avete una famiglia e dei bambini: *necessità di confini invalicabili* e *di equilibrio.*
- Se siete estrosi e volubili e tendete a cambiare spesso lavoro: *scelta consapevole* e *impegno.*
- Se avete subìto un fallimento o una delusione: *capacità di ripresa* e *fiducia.*
- Se siete perfezionisti: *indulgenza* e *pazienza.*
- Se vi aspettate il successo immediato: *pazienza.*
- Se siete stati sottovalutati o scavalcati per una promozione: *capacità di accettazione* e *stima di voi stessi.*
- Se siete arroganti o vi sentite superstar: *umiltà* e *arrendevolezza.*
- Se vi si è presentata una favolosa opportunità: *grazia* e *riconoscenza.*

Ognuno di noi ha lezioni da imparare, a qualunque livello si trovi. E se non vorrete impararle, le esperienze anche dolorose che ve le hanno proposte si ripeteranno innumerevoli volte, finché non lo farete.

I fallimenti capitano, sono parte della vita. Quello che conta è non esserne sopraffatti, trarne degli insegnamenti utili e guardare avanti. Un insuccesso vissuto come lezione positiva potrà portarvi a soddisfare anche i vostri sogni più folli. Sul percorso della vita sobbalzi e ostacoli rendono il viaggio interessante e affilano le vostre armi per il successo futuro.

Regola Otto

Amministrare bene le proprie risorse ottimizza i risultati

Tempo, energia, relazioni e denaro
sono le vostre carte migliori.
Giocarle nel modo giusto accrescerà
le vostre probabilità di successo.

La vita è effimera, dura lo spazio di un attimo e poi svanisce. Se non potete far andare indietro le lancette dell'orologio, potete però gestire al meglio la vostra quotidianità, usando nel modo giusto le diverse risorse che avete la possibilità di controllare.

Tutti abbiamo delle risorse. Alcune appartengono alla categoria delle inclinazioni, capacità e virtù. Altre sono invece quantificabili: tempo, denaro, energia e relazioni. Queste hanno dei limiti e possono disgregarsi ed esaurirsi: le loro riserve non sono infinite. Usatele bene e i vostri sforzi risulteranno più efficaci; sprecatele e dovrete fare il doppio della fatica per ottenere sì e no la metà dei risultati. Il successo è tanto più grande quanto più riuscite a far sì che queste risorse operino a vostro favore e non contro di voi.

Conoscete la storia del povero che trova un dollaro per strada? L'uomo lo raccoglie e pensa: Ho freddo e sete. Con questo dollaro potrò comprarmi una bella tazza di caffè. Davanti al bar, l'uomo esita: Se però bevo il caffè, questo dollaro non lo avrò più, e torna sui suoi passi, pensando a quante cose si possono fare con un dollaro. A un certo punto, per terra vede una matita e riflette: Se io con questo dollaro compro delle matite, posso rivenderle e guadagnarci! Così entra da un cartolaio e con il suo dollaro compra venticinque matite. Uscito, le rivende ai passanti per venticinque centesimi l'una. Alla fine, si ritrova con sei dollari e venticinque centesimi. Con quella somma torna dal cartolaio, compra altre matite e torna in strada a rivenderle. Continua così fino a quando non accumula un bel gruzzolo di denaro da investire in altri affari e così via...

Morale: una risorsa può essere sprecata o usata con avvedutezza. Se sarete attenti a sfruttare le vostre nel modo giusto, queste lavoreranno per voi.

L'amministrazione delle risorse è l'*aikido* della vita. Se imparate come si lavora con l'energia, cioè a equilibrarla, plasmarla, sfruttarla, la vita per voi scorrerà benissimo. E voi, come si dice, sarete «sull'onda».

La chiave è organizzarsi

La chiave è organizzarsi.

L'organizzazione è una filosofia e un sistema di vita, la base su cui costruire i vari aspetti della vostra esistenza: come vivete, come agite, che cosa portate a termine e come, in definitiva, vi sentite riguardo a voi stessi.

Quando siete organizzati, siete in grado di coordinare attività, sforzi ed energie. Potete vivere senza ansia o altri problemi dipendenti da voi, perché la vostra vita è sotto il vostro pieno controllo.

L'organizzazione è un passaporto sicuro verso il successo? No.

Ma può aiutare a raggiungerlo? Senza dubbio.

Probabilmente non sono la prima persona a dirvi che dovete organizzarvi. Ve lo sarete sentito ripetere fin da piccoli, quando i genitori vi spiegavano l'importanza di tenere in ordine la vostra camera e poi a scuola, quando un professore cercava di insegnarvi un metodo di studio e l'ordine nei quaderni. Ma molte persone si ostinano a non farlo, perché pensano che si tratti di un comportamento privo di interesse, poco spontaneo e troppo rigido.

Eppure è l'organizzazione che dà la libertà. Vi rende liberi di creare, di pensare con lucidità e, più in generale, di vivere con calma e in modo costruttivo, invece di combattere con angosce e difficoltà dovute al caos.

L'organizzazione contribuisce a darvi un'aria di professionalità. Vi fa sembrare efficienti e in armonia con voi stessi e con la vostra vita, cosa che naturalmente influenza la visione che gli altri hanno di voi. L'armonia, semplicemente, è molto più attraente del caos. Se voi manifestate calma con il vostro atteggiamento, ispirate affidabilità, maturità e padronanza delle situazioni.

Le persone spesso mi chiedono come mi giostro tra i mille impegni della mia vita: presentazioni di seminari negli Stati Uniti e altrove, libri, conferenze in ogni parte del mondo, consulenze aziendali, rapporti con i collaboratori, una figlia da crescere e un matrimonio da mandare avanti. Sì, è abbastanza impegnativo. Ma era ancora peggio quando ero una madre single all'università. Tutto sommato, io sembro terribilmente ben organizzata. Oggi lo sono, ma non è sempre stato così.

Al college, io ero la classica studentessa da ultimo minuto. In vista di un esame, mi rifiutavo di prendere in mano un libro per settimane, preferendo passare il tempo con i miei amici. Poi, a pochissimi giorni dalla data fatidica, mi immergevo totalmente nello studio, fino a tarda notte, privandomi del sonno e cercando di immagazzinare in pochissimo tempo un intero semestre di lezioni.

Tutto questo mi sfiniva e, tra l'altro, metteva seriamente a rischio la mia preparazione e la riuscita stessa dell'esame, da cui uscivo senza ricordarmi niente di quel che avevo studiato in modo tanto farraginoso. A un certo punto compresi che tutto questo mi causava un tremendo stress, senza parlare di quanto compromettteva la mia preparazione culturale.

Allora mi chiesi perché mai mi comportassi così, visto che non era obbligatorio né necessario e quando la risposta fu: «Perché preferisco divertirmi con gli amici invece che chiudermi in camera a studiare», mi resi conto che lo stress, il sentirsi sotto pressione e il panico che mi coglieva non erano compensati dal divertimento. Così cambiai sistema, cercando di imitare i pochi amici che non rinunciavano ad avere una vita sociale ma studiavano con metodo e con ottimi risultati.

Alla radice dell'organizzazione c'è un giusto equilibrio di tempo e di energia. Quando questi due fattori sono in armonia, tutte le tessere del puzzle si ricompongono e la vita scorre regolare come un orologio.

Organizzazione non è tanto sapere sempre dove trovare le chiavi dell'auto, quanto arrivare a una profonda connessione tra voi e le varie parti della vostra vita. Il primo passo per riuscirci è armonizzare il vostro tempo con le vostre energie.

Il vostro valore si riflette nell'uso che fate del tempo. Se avete alte aspirazioni e volete avere successo, ma anche vivere una vita equilibrata e serena, l'uso corretto del tempo vi aiuterà a mettere al posto giusto tutte le tessere del puzzle.

Amministrare il proprio tempo

«Abbiamo abbastanza tempo, se lo usiamo nel modo giusto.»

JOHANN W. GOETHE

Chi siete? La risposta è racchiusa in ogni secondo della vostra vita, dal primo respiro all'ultimo. Il vostro orologio vitale funziona fino al momento della morte, fino a quando non avrete più tempo. A quel punto, la partita finisce e la vostra vita non sarà stata altro che la somma totale di come avete speso il vostro tempo.

Se ci sarà un Giudizio, come ne uscirete? Sarete stati parte della soluzione o parte del problema? Avrete alleggerito o aumentato il peso delle sfide? Alla resa dei conti le proprietà materiali, lo status sociale e i conti in banca non contano. Conta solo come avete usato il tempo che vi è stato concesso di vivere.

Avete solo quello, né di più né di meno, e sta a voi, come si dice, «usarlo o perderlo». L'uso che avrete fatto del vostro tempo sarà direttamente proporzionale all'entità dei successi raggiunti.

Nessuno nasce con l'abilità di amministrare il tempo: si impara attraverso errori e lezioni spesso dolorose. Riconsiderando la vostra vita, potrete vedere periodi in cui avete usato del vostro tempo al meglio e altri in cui l'avrete sperperato. Ma esiste un metodo, per amministrarsi il tempo; e si basa su scelta, equilibrio e concentrazione.

Dove va il tempo

Non vi è mai capitato di stupirvi della rapidità con cui è passato il tempo?

Ma quando vi è successo, perché è successo? Perché voi eravate così impegnati a occupare il vostro tempo in modo costruttivo e appagante che non vi siete accorti del suo scorrere o perché, ancora una volta, ve lo siete lasciato sfuggire tra le dita? In altre parole, lo stavate sfruttando o perdendo?

Se la risposta è la prima, congratulazioni! Siete perfettamente in grado di immergervi totalmente nella realtà e di esaltare ogni momento che conta.

Se invece la vostra risposta è la seconda, forse è il caso di rivedere il vostro modo di impiegare il tempo. Se siete uno dei tanti ritardatari cronici, a un appuntamento come nel completamento di un lavoro, e vi sentite sempre oppressi e incalzati, vuol dire che il tempo lavora contro di voi. Se siete così e non intendete cambiare modo di vivere e di lavorare, allora non vi resta che sperare in un miracolo. Altrimenti potete scegliere consapevolmente di imparare qualche nuovo espediente che modificherà drasticamente il vostro rapporto con il tempo.

Ricordate, il tempo è neutrale: non è con voi né contro di voi. Siete voi a farlo diventare un alleato o un nemico.

Il rapporto tempo-fiducia in se stessi

Andando a letto alla sera, vi sentite appagati o insoddisfatti? Sentite di aver speso bene la vostra giornata oppure no?

Provare l'una o l'altra sensazione dipende solo da voi, da come vi siete organizzati.

La linea guida dell'amministrazione del tempo è in questa domanda: avete rinforzato il muro della fiducia in voi stessi o l'avete eroso? Ogni vostra azione (ogni secondo del vostro tempo) esalta la vostra vita o la svaluta?

Vi chiederete che cosa abbia a che fare questo ragionamento con la fiducia in se stessi. Tutto, perché l'elemento base è proprio il rispetto per voi stessi, la fiducia nelle vostre capacità.

Andare a dormire soddisfatti inorgoglisce, il contrario dà frustrazione, avvilisce, fa sentire inefficienti e non all'altezza. Se l'insoddisfazione si manifesterà per molte sere di seguito, a poco a poco la lucidità e la fiducia in voi stessi si affievoliranno.

Prendiamo il caso di Jeff. Appena diplomato alla scuola d'arte, riconosciuto da tutti come un artista di vero talento, aveva ricevuto da un noto gallerista la commissione per cinque quadri. Jeff lavorava in casa e aveva un modo disordinato di organizzarsi il tempo che a lungo andare si rivelò distruttivo: spesso si coricava a tarda ora, dormiva fino a mezzogiorno, lavoricchiava un po' nel pomeriggio e poi usciva con gli amici. Dopo alcuni mesi, Jeff capì di essere molto indietro rispetto all'obiettivo della consegna dei quadri e si ripropose di lavorare con impegno per finirli. Ma era inutile, imporsi un ritmo ordinato di lavoro gli riusciva impossibile: alla fine di ogni giornata Jeff provava un'insoddisfazione profonda. Notte dopo notte, settimana dopo settimana, Jeff cominciò a giustificarsi con se stesso perché non riusciva a rispettare i tempi e, ogni notte, si ripeteva il mantra dei disorganizzati: «Domani! Domani mi riorganizzerò la giornata!» Ma l'indomani tutto andava come il giorno prima. Di quel passo Jeff arrivò ai livelli più bassi di disistima per se stesso, senza nemmeno rendersene conto. Ripetendosi di essere incapace di rispettare quell'impegno con il gallerista, Jeff arrivò a considerarsi un pittore mediocre e, a poco a poco, a disprezzarsi in ogni settore della sua vita.

Potete credere in voi stessi quando si tratta di fare quello che dite di voler fare? Siete in grado di avere un risultato entro le scadenze fissate?

Se la risposta è «Sì», allora sapete amministrare il vostro tempo; se invece è «No», potete aver bisogno di nuove impostazioni per raggiungere un buon livello di stima di voi stessi.

Imparare a gestire il tempo

Vi proporrò adesso alcuni esercizi molto semplici, che vi renderanno più consapevoli dell'uso del vostro tempo e vi aiuteranno a migliorarlo.

La tabella oraria

È un esercizio perfetto per chi a fine giornata non si rende conto di come ha usato il suo tempo o per i superimpegnati che si chiedono come mai i risultati ottenuti non corrispondano all'impegno profuso per ottenerli. Applicatevi per una settimana e vedete che cosa ne esce.

Vi serviranno soltanto un block-notes e una penna, da tenere con voi per tutto il giorno, da quando vi alzate a quando andate a dormire. Alla fine di ogni ora, dovrete scrivere come l'avete impiegata. Esempio: 9-9.30 corrispondenza; 9.30-10 telefonate di lavoro... In alternativa, potrete anche aprire un file sul computer e registrarvi gli stessi appunti. Alla fine della settimana confrontate gli appunti con il programma di lavoro e gli obiettivi che avevate. Le domande che dovete porvi sono queste:

1. Ogni cosa che ho fatto era mirata al mio programma o al mio obiettivo originario?
2. Avrei potuto fare un uso migliore di ogni frazione del mio tempo?
3. Ho veramente sprecato tempo ed energia?
4. Se dovessi rivivere questa settimana, che cosa cambierei?
5. Che cosa dovrò cambiare per rendere produttiva la prossima settimana?

Il principale beneficio dell'esercizio è scoprire quanto tempo si disperda in faccende del tutto estranee agli obiettivi originari. Proprio come quando ci si mette a tavolino per discutere un budget e ci si stupisce vedendo come e dove finiscono i soldi.

L'agenda ideale

Simile al primo esercizio, questo però non si limita ad accrescere la vostra consapevolezza, ma vi porta al livello successivo: individuare le aree della vostra vita che richiedono cambiamenti. Rispetto al primo esercizio è meno orientato sul lavoro e più sulla vita, perché si rivolge a chi ha la costante sensazione di non riuscire in uno o più settori (famiglia, benessere personale...), di non trovare il tempo per fare tutto quello che deve.

Quello che vi serve è un foglio che riporti tutti i giorni, dal lunedì alla domenica, con le varie ore, dal mattino alla sera: una sorta di agenda settimanale.

Su un foglio a parte, scrivete poi i vostri impegni attuali e quelli che vi piacerebbe includere nella vostra settimana ideale. Non trascurate niente, né le incombenze effettive né le aspirazioni: il lavoro, la famiglia, lo sport, il volontariato o altro che vi impegni o a cui vorreste dedicarvi.

Subito dopo, sull'agenda ideale assegnate del tempo a ognuna di queste attività. Incominciate dagli impegni irrevocabili, le responsabilità e i compiti per cui dovete necessariamente accantonare un certo numero di ore. Queste sono le incombenze non negoziabili, gli appuntamenti fissi nella vostra vita. Per esempio, se vi servono otto ore di sonno per funzionare bene al risveglio, scrivetelo. Se vi serve fare ginnastica ogni mattina per sentirvi bene, scrivetelo. Se sapete che ogni sabato pomeriggio dovete portare vostro figlio a giocare a calcio, scrivetelo. Non tacete nessun impegno, perché finireste solo per imbrogliare voi stessi.

A questo punto, verificate quante delle ventiquattro ore quotidiane sono rimaste libere e in quegli spazi inserite la vostra visione ideale del tempo da spendere. Inserite cioè le attività variabili tra le costanti. Esempio: passare del tempo con il proprio consorte, coltivare un hobby, leggere... Insomma, tutto quello che avete messo nel primo elenco come possibili attività piacevoli.

Fatto questo, la vostra pagina di agenda ideale potrà dirvi che nella vostra vita è tutto perfettamente in ordine e bilanciato, oppure che non avete tempo sufficiente per tutto quello che dovete e volete fare. Se è questo il vostro caso, allora dovrete rivedere il vostro elenco di attività piacevoli e procedere ad alcuni aggiustamenti generali. Solo a questo punto sarete pronti per la seconda parte dell'esercizio.

Prendete un'altra pagina bianca di agenda settimanale e mettetela accanto a quella appena compilata. Su questa seconda pagina, scrivete come spendete attualmente il vostro tempo. Completata anche questa pagina, confrontatele. Se coincidono perfettamente, complimenti! Se invece la settimana ideale non corrisponde a quella reale, ci sono diverse possibilità. Potete scoprire che le vostre attività non corrispondono alla vostra definizione di vita ideale; potete sentire il desiderio di modificare i blocchi di tempo prefissati. Forse potete accorgervi che vi pesano le tante ore dedicate al lavoro o che non vi va di riservare un giorno alla settimana alle lezioni di tennis. Se è così, non avete tanto un problema di organizzazione del tempo quanto un problema di scelte di vita. Allora tornate alla Regola Tre e cercate di stabilire con esattezza che cosa è meglio per voi.

Per esempio, Albert era dirigente in una società svedese di consulenza sanitaria, con la responsabilità di tutti i mezzi di comunicazione, compresi video, libri, periodici e strumenti Internet. Albert amava molto il suo lavoro, ma anche stare assieme ai suoi collaboratori e colleghi. Esaminando la sua pagina di agenda reale, osservai che risultava estremamente estroverso e aggiunsi che per lui doveva essere difficilissimo trovare un momento per stare da solo. Albert rispose: «Non mi sembra...»

«No? Ascolti... Dieci e un quarto, caffè con alcuni colleghi; mezzogiorno, pranzo con altri; tre del pomeriggio, caffè con altri; cinque, con altri colleghi per bere qualcosa insieme.» Poi, senza esitare, aggiunsi: «Quando trova il tempo per lavorare?»

Allora Albert ammise che il suo problema era proprio quello: non ne aveva il tempo e per recuperare le ore di lavoro si riduceva a star sveglio di notte. Così, stanco e sfinito, si sentiva sempre più sotto stress. Albert non faceva il lavoro giusto: l'ideale per lui era il marketing, dove avrebbe potuto soddisfare il suo intimo bisogno di stare con gli altri a dialogare e discutere tutto il giorno. Nella sua posizione attuale, invece, senza rendersene conto, per incontrare persone comprometteva il lavoro.

Molto spesso, emerge che il problema è il troppo tempo che si concede agli altri invece che a se stessi. Imparare a dire «No» e stabilire confini invalicabili per proteggersi può rendersi necessario se si tende a lasciare agli altri il controllo del proprio tempo.

Ben era il classico fanatico del lavoro: lavorava moltissimo e sempre a livelli di eccellenza, era affidabile, leale, pieno di dedizione e sempre preparato. Il problema che emerse dall'analisi della sua pagina di agenda era che lui non aveva tempo per la sua vita privata, pur adorando la moglie e i figli. Ben non sapeva dire di no ai colleghi: tipico esempio di disponibilità, aveva sempre la porta dell'ufficio aperta per chi voleva far quattro chiacchiere e si mostrava sempre gentile e affabile, senza mai trovare il coraggio di dire la verità: «No, mi dispiace, adesso non ho assolutamente tempo! Ho un lavoro urgente da finire!» Come risultato, anche Ben passava le notti in bianco per ultimare il lavoro lasciato incompiuto durante il giorno.

A un certo punto, gli era sembrato che tutto il mondo congiurasse contro di lui: era esausto, frustrato, senza tempo per se stesso e per la sua famiglia. Scoprire il suo punto debole al mio seminario della Negoziazione Interiore per lui fu uno choc, ma alla fine Ben decise che si sarebbe impegnato a dire qualche *No*, per quanto doloroso potesse essere. A poco a poco riuscì a riprendere il completo controllo della sua vita, con un atteggiamento più rispettoso delle sue esigenze personali e professionali.

Con l'aiuto della pagina di agenda, chiedetevi quali parti della vostra vita vanno cambiate e mettete per iscritto il vostro nuovo programma. Può sembrare difficile, ma se ci sono cose che vi tolgono anche pochi preziosi minuti dovete eliminarle. Spostate le tessere del puzzle fino a quando combaceranno tutte. Ricordate: avete solo ventiquattro ore al giorno, non una di più né una di meno: quindi, siate realisti e avveduti.

Il grafico a torta

È un esercizio molto simile al precedente, adatto a chi è più a suo agio con le cifre.

Prendete due fogli di carta e su ognuno tracciate un cerchio, il più grande possibile. Poi, su un terzo foglio, elencate tutte le responsabilità, i progetti, le incombenze e le priorità che attualmente occupano il vostro tempo. L'elenco comprenderà categorie generiche: famiglia, lavoro, hobby, sport, attività culturali... Badate che sia completo.

Compilato l'elenco, assegnate una percentuale a ogni voce in base al tempo che vi impegna, ricordando che la somma finale delle percentuali deve essere rigorosamente pari a 100. Poi dividete a spicchi il primo cerchio: tanti quante sono le voci, d'ampiezza pari alle diverse percentuali. Questa torta sarà la vostra realtà attuale.

Poi tornate all'elenco e a ogni voce attribuite un'altra percentuale, basata stavolta sull'uso del tempo che per voi sarebbe ideale in questa fase della vita. Trasferite queste percentuali in spicchi sul secondo cerchio e sovrapponete i due grafici. Se non coincidono, chiedetevi quali cambiamenti fare per avvicinarvi di più al vostro ideale.

* * *

Con questi tre esercizi potrete apportare alla vostra tabella di marcia giornaliera gli opportuni aggiustamenti. Così saprete anche voi che cosa significa andare a dormire sentendosi felici per aver speso la giornata con piena soddisfazione.

Coltivare le relazioni

«Più l'uomo dà agli altri, più possiede se stesso.»
LAO-TZE

In voi si intersecano tutte le relazioni che intrattenete con gli altri, a qualsiasi livello. Ogni relazione esige un dispendio di tempo e di energia, può essere problematica o risolutiva, rafforzare o esaurire, arricchire o impoverire. Insomma, il modo in cui interagite con gli altri influenza e condiziona il vostro globale benessere.

La relazione con una persona, chiunque sia, vi impegna a un certo livello di responsabilità, perché sta sempre a voi far sì che il legame sia utile o dannoso, temporaneo o stabile. Dovrete sempre seguire con attenzione come si sviluppa il rapporto e non mentire a voi stessi sul significato che ha per voi.

Le persone che vi stanno intorno hanno un grandissimo potenziale nei vostri confronti. Dalle relazioni con loro potrete trarre sempre vantaggio, se soltanto capirete l'importanza della reciprocità e saprete far uso delle vostre doti umane.

I superiori

I superiori hanno sempre qualcosa che può tornarvi utile, che siano esempi da seguire o da evitare. Di solito i capi più difficili da trattare sono quelli da cui vengono le lezioni più importanti e infatti esiste una teoria ben precisa secondo cui un capo difficile rappresenta un ottimo tipo di addestramento in vista del futuro. Se il capo è una persona odiosa, incapace di trattare con gli altri e difficilmente accontentabile, imparerete a dare sempre il meglio di voi stessi, a essere sempre molto presenti e attenti e a sviluppare una buona dose di pazienza e tolleranza. Ancora più importante, imparerete esattamente che cosa *non* fare in futuro in analoghe posizioni di responsabilità.

Se invece il vostro capo è una persona squisita, che riconosce, apprezza ed esalta in ogni modo i meriti dei suoi collaboratori, allora imparerete l'importanza di trattare sempre anche i subordinati con rispetto e dignità.

I colleghi

I colleghi sono preziosi, condividono la vostra vita professionale quotidiana e, a seconda di come li trattate, possono diventare alleati o nemici.

Pensateci un attimo. Voi per loro siete un appoggio o un ostacolo? Sapete condividere le loro gioie e i loro momenti neri? Li considerate amici o impedimenti sul vostro cammino? Cercate di primeggiare su di loro anche in modo sleale? Siete un compagno di lavoro detestabile, egoista e pettegolo? Ricordate: i colleghi vivono con voi, vi osservano e vi giudicano; potete anche sfruttarli, scavalcarli e poi dimenticarli, ma loro non dimenticheranno e, nell'eventualità sempre possibile di un rovescio di fortuna, saranno loro a negarvi aiuto e conforto. C'è un vecchio motto sull'ambizione: le persone che si incontrano salendo sono le stesse che si ritrovano scendendo.

I clienti

I clienti sono l'essenza di qualsiasi attività e vanno conservati come risorse preziose. Senza di loro, voi fornireste un prodotto o un servizio inutile.

Prendiamo, per esempio, i venditori: un errore comune è quello di trattare i potenziali clienti da amici finché si conclude l'affare e di ignorarli subito dopo.

Questo comportamento è sufficiente a rovinare una reputazione, perché a nessuno fa piacere sentirsi usato.

Un venditore in gamba, serio e preparato, è quello che dà al cliente quello che vuole, non quello che ha da vendere, e che sa anche sconsigliare l'acquisto, se il prodotto o il servizio non è nell'interesse dell'altro. Ascoltate il Mahatma Gandhi:

> Un cliente è il visitatore più importante. Non è lui che dipende da noi, siamo noi a dipendere da lui. Non rappresenta un'interruzione del nostro lavoro, ma il suo fine. Non è un aspetto secondario della nostra attività, ma una sua parte integrante. Non siamo noi a fargli un favore servendolo, è lui che lo fa a noi offrendoci questa opportunità.

Come coltivare le relazioni d'affari

Anche se l'uomo è un animale sociale, molti di noi hanno veramente bisogno di essere reimpostati nel modo di interagire con le persone nei rapporti d'affari.

Per farlo, ci sono otto regole importanti.

1. *Mantenete sempre la parola.* La fiducia degli altri si guadagna solo facendo quel che si è promesso

di fare. Una reputazione di affidabilità giova negli affari e nel rapporto con i collaboratori, oltre che farvi sentire meglio con voi stessi. Fate in modo che gli altri sappiano di poter sempre contare su di voi.

2. *Mostrate apprezzamento per gli altri.* Siate sempre sicuri di dimostrarvi grati per il lavoro fatto, per la collaborazione ricevuta, per l'appoggio o per l'aiuto avuti in un buon affare. Spesso basta dire sinceramente «Grazie», ma talvolta occorre anche un segno tangibile. Provvedete, con generosità. Sempre.

3. *Andate oltre il necessario.* Una buona azione non va mai sprecata, anche se non porta un tornaconto immediato. Ricordate: quel che va ritorna.

4. *Siate rispettosi.* Ascoltate quando vi parlano. Siate puntuali e tempestivi, fate attenzione anche alle priorità degli altri, non solo alle vostre. Tutti meritano la vostra considerazione.

5. *Lasciate correre.* Quando una persona si impegna al massimo per collaborare con voi, siate indulgenti verso i suoi errori e cercate di capirla.

6. *Agite con umanità.* Mostrate ai vostri collaboratori che vi preoccupate di loro e delle loro famiglie,

che condividete le loro gioie e i loro problemi. Interessatevi alla loro vita privata, senza mai dimenticare che anche dietro le sembianze più umili si cela una persona come voi. In cambio, faranno per voi più del necessario.

7. *Prestate attenzione ai dettagli.* Semplificate la vita a chi lavora per voi. Eliminate gli ostacoli. Ascoltate esigenze e desideri. Siate disponibili a soddisfare i clienti in ogni modo. Ne trarranno vantaggio i vostri affari.

8. *Esprimetevi sempre in modo chiaro.* Nessuno legge nella vostra mente, quindi siate chiari, espliciti, se necessario spiegate il vostro pensiero, dite quello che vi serve. E chiedete ai collaboratori di fare altrettanto con voi.

Preservare l'energia

> *«Vivere in equilibrio e con purezza è il bene più grande per voi e per la Terra.»*
>
> DEEPAK CHOPRA

L'energia scorre in ognuno di noi, è una forza che collega ogni singolo uomo alla sorgente di energia universale che influenza tutti gli esseri viventi. La potenza con cui questa forza vitale scorre in voi è direttamente proporzionale a quanto vi impegnate per preservarla e rinnovarla.

L'energia è il carburante della vita. Non la si vede né la si può ascoltare, ma la si percepisce dentro di noi o se ne avverte l'assenza. Tutti abbiamo bisogno di energia per avere successo; l'energia è essenziale per l'acutezza mentale, per la resistenza fisica e per la stabilità emotiva. Senza energia è impossibile perseguire degli obiettivi. L'energia va prodotta, usata e rigenerata spesso: quanto meglio lo farete, tanto più avrete successo.

Mantenersi in equilibrio

L'eccesso di lavoro, oltre a sfinire fisicamente, ha anche un impatto negativo sul benessere fisico, emotivo e spirituale, per non parlare dell'abilità produttiva compromessa. Una cosa è lavorare duro e rendere al massimo, un'altra cercare ancora energia extra oltre la riserva che avete esaurito. Di tanto in tanto può capitare di andare oltre la propria disponibilità, ma se lo farete troppo spesso senza ricaricarvi comprometterete tutti i vostri sforzi.

Il sovraccarico di lavoro è molto più che un semplice esaurimento fisico. È uno svuotamento emotivo, che si verifica quando date più di quello che avete senza il tempo di rinnovare le vostre energie. È una privazione spirituale, quando trascurate di nutrire la vostra anima. Alla fine, un diffuso senso di apatia, una mancanza di motivazione inevitabilmente portano a pensieri come: Perché faccio tutto questo? Quando vi spingete oltre il ragionevole, potete facilmente perdere di vista il vostro obiettivo.

Thomas era un pastore episcopale responsabile di una congregazione di duecentocinquanta anime. Ogni settimana le attività di culto, spirituali, benefiche e amministrative della parrocchia lo impegnavano allo spasimo, senza quasi permettergli di riposare. Sua moglie Penny lo esortava a prendersi un periodo di tregua, ma Thomas non ne voleva sapere. Mese dopo mese, lo stress e la stanchezza lo portarono a uno stato di esaurimento psicofisico che lo rese stanco e irritabile con lei e i loro due bambini. Quando poi incominciarono violenti attacchi di emicrania, Thomas capì che doveva fermarsi. Anche i ministri di Dio hanno bisogno di salvaguardare se stessi, se vogliono salvare anime.

Come capire se siete in una situazione di squilibrio? È davvero molto semplice. Vi alzate al mattino stanchi come quando siete andati a dormire? Vi trascinate per tutta la giornata, vi ammalate spesso? Dovete prendervi cura del vostro fisico. Vi sentite oppressi, più sotto pressione del normale o demotivati? La batteria emotiva si è esaurita. Incominciate a chiedervi perché mai state facendo quel che fate? Dovete ricaricare la vostra riserva spirituale. Se poi incominciate a sognare di mollare tutto e di trasferirvi su un'isola deserta, allora dovete proprio prendervi una vacanza.

Fate attenzione a questi segnali e non sottovalutateli, perché vi dicono quello di cui avete bisogno.

Spendere bene le proprie energie

Tutto quello che fate richiede energia. Ogni azione, ogni pensiero, ogni emozione implica un dispendio di questa preziosa risorsa. Se voi valutate quanta energia spendete nei vari momenti della vostra vita, potrete almeno in parte orientarla nel modo più opportuno.

L'energia non è mai statica, ma si muove, fluisce, scorre: dove, e come, dipende da voi. Per averne il controllo, dovete sapere che cosa è meglio per voi e imparare a distinguere ciò che può darvi energia da ciò che ve la sottrae. Ci sono circostanze e persone che tolgono la serenità, che esauriscono fisicamente e mentalmente. Evitarle sarebbe l'ideale, ma nella realtà quotidiana non sempre è possibile; quello che si può fare è cercare di ridurre al minimo la loro influenza su di noi, privilegiando chi o che cosa ci fa sentire bene.

Spesso l'energia viene anche sottratta da certi sentimenti, come la preoccupazione per chi ci è vicino, l'ansia per progetti incompiuti, scelte difficili o situazioni conflittuali. Non molto tempo fa, mi sono trovata impegnata nello stesso momento a scrivere un libro con una scadenza di consegna molto vicina, a organizzare un viaggio di lavoro e a preparare la partenza per il college di mia figlia Jennifer: nessuna di queste cose in sé mi angosciava, ma padroneggiarle tutte insieme nella mia mente mi ha sfinita.

Un altro pericolo sono i sentimenti inespressi, come la rabbia, il dispiacere e l'indecisione, che covano dentro di noi, ci opprimono, ci debilitano e ci tengono lontani dalla realtà presente. Se succede anche a voi, dovete portare alla luce tale sentimento, confrontarvi con lui e rimuoverlo.

È in questo che possono risultare molto utili tecniche come tenere un diario o fare elenchi, che permettono di annotare le cose, in modo da conservare l'energia mentale che andrebbe dispersa nel tentativo di ricordare tutto quello che dovete fare. La meditazione è di grandissimo aiuto per liberare la mente. Se i pensieri e le idee risultano veramente importanti, scriveteli. Se non lo sono, non occupatevene più e andate avanti.

Se sprecate energia con situazioni, sentimenti o persone che non fanno al caso vostro, non ve ne resterà per le cose che vi appagano e vi danno gioia.

Ricaricarsi

Senza energia ci si ferma. L'energia, come il tempo, è una risorsa preziosa e limitata, ma la differenza fra il tempo e l'energia è che questa si può recuperare. Sempre, se soltanto tornate indietro e vi ricaricate.

Mi accade spesso di sentir dire dai miei clienti che non hanno il tempo o il modo di ricaricare le loro batterie: hanno troppi impegni, troppe telefonate da fare o troppo da leggere o troppo da scrivere o troppi conti da tenere per potersi rivitalizzare. Eppure, ricaricarsi non è un lusso, ma una necessità. Se non lo fate, dove pensate di arrivare? E fino a quando pensate di poter reggere?

Esercizio fisico, sonno e cibo nutriente sono i ricostituenti di base. Ma ogni persona è unica e, oltre a queste risorse universali, ha modi suoi per ricaricarsi.

Che cosa vi rimette in pista?

Come ritrovate la pace?

Cercate di scoprirlo. Cercate di capire, nell'ambiente che vi circonda, che cosa vi dà energia e che cosa ve la sottrae.

Poi inserite almeno un elemento ricaricante in ogni giorno della vostra vita, guardate dentro di voi, ascoltate i messaggi interiori, non trascurate i segnali di stress, affaticamento o sofferenza fisica.

Ma, soprattutto, prendetevi cura di voi stessi. Dovete assolutamente essere sicuri di stare abbastanza bene per godere l'appagamento e il successo che vi siete creati nella vita.

E se tendete a rifugiarvi nel pretesto di *Non ho tempo per ricaricarmi*, ricordate che voi siete tutto quello che avete dato. Se non pensate voi a ristabilire le vostre risorse vitali, chi lo farà?

Amministrare le finanze

> *«Dal controllo del vostro denaro deriva il controllo della vostra vita.»*
>
> SUZE ORMAN

I soldi, che ne siate consapevoli o meno, sono come il tempo: se ne vanno. Quello che dovete chiedervi è se sapete dove vanno e come li usate. Per questi interrogativi non esistono risposte *giuste*, ma solo scelte e conseguenze.

Maggie, la figlia di una mia amica, ha trovato il suo primo lavoro: un'attività stagionale ben pagata. Alla fine dell'estate, non aveva più un soldo e quando la madre le ha chiesto dove fosse finito tutto quel denaro, Maggie ha risposto: «Non lo so!» Solo dopo ripetute domande, ha ammesso di aver speso tutto in cosmetici, scarpe, cinema, bar, pizzeria, dischi e regali. Urgeva un chiaro discorso sul valore del denaro e la mia amica non ha esitato. Per Maggie è stata una rivelazione, perché le parole progetto di spesa e risparmio erano per lei del tutto nuove.

Molti adulti sono come Maggie e spendono sempre tutto quello che hanno. Più guadagnano, più spendono, senza mai pensare a un accantonamento. Se anche voi vi comportate così, sarà opportuno che impariate al più presto a risparmiare. Risparmiare e investire aiuta a raggiungere gli obiettivi. Potete imparare a risparmiare in molti modi: affidandovi a un consulente, leggendo manuali o riviste specializzate, frequentando corsi, aderendo a un fondo di investimento.

Amministrare bene le proprie finanze dà tranquillità. La vita costa e solo se sarete pienamente consci di dove e come spendete i vostri soldi potrete considerarvi pienamente padroni della situazione. Vi concederete di vivere serenamente, senza paure o ansie di non farcela. Tutta la vostra vita migliorerà.

* * *

Tutte le persone di successo hanno sempre il pieno controllo delle proprie risorse economiche, che sono limitate e vanno amministrate con saggezza.

In ultima analisi, si deve stabilire se siete voi ad avere il controllo delle vostre risorse o se, invece, sono loro a controllarvi. Rifletteteci.

Regola Nove

Il successo è una sfida

Ogni risultato porta dei cambiamenti nella nostra vita. La sfida è sapersi adattare.

Con la lucidità, l'impegno e un'oculata gestione delle risorse ci sono buone probabilità di ottenere almeno una parte dei risultati desiderati. Ma tagliare la linea del traguardo non è affatto la fine della partita, anzi... In realtà è soltanto l'inizio di nuove sfide e di nuove lezioni di vita. Quando arriva il successo, la realtà si modifica e il campo di gioco cambia. Il segreto è mantenere il proprio equilibrio mentre il puzzle si ricompone.

Il terzo principio della dinamica di Newton afferma che per ogni azione c'è una reazione uguale e contraria. È quindi logico che ogni successo comporti effetti contrastanti, cambiamenti positivi e negativi.

Questi cambiamenti possono includere un riesame della propria identità, maggiori responsabilità e il confronto con le reazioni di chi vi circonda. Affrontarli è la sorpresa che ci aspetta alla realizzazione di ogni sogno e al raggiungimento di ogni obiettivo.

Come giustamente diceva George Bernard Shaw: «Ci sono due tragedie nella vita: il fallimento di un sogno che abbiamo nel cuore e la sua realizzazione». La conquista del successo non è necessariamente dolorosa, ma implica ricompense e sfide, e un nuovo ordine. In esso voi dovrete trovare la vostra nuova via.

Il mito del cambiamento

La Regola Sei di *Se la vita è gioco, ecco le regole* stabiliva che *là* non è meglio di *qua*. Quando vi sforzate di arrivare in un posto qualsiasi, diverso da quello in cui siete ora, voi rischiate di innescare il mito della superiorità. La realtà però è un'altra. *Là* non è affatto meglio di *qua*, è soltanto differente.

Ogni *là* brilla sul nostro orizzonte come una coppa d'oro, può sembrarci la soluzione di tutti i problemi, la panacea per tutti i mali o la versione utopistica della nostra vita. Ma in realtà anche la coppa d'oro, la cura miracolosa o la fantasia utopistica non arrivano senza il loro carico di sfide e lezioni.

Gestire il cambiamento

I cambiamenti sono di per sé inevitabili. Quando arriva il successo, poi, cambia tutto, ma non sempre in meglio. Nel sogno, con il successo si acquisisce la perfezione. La realtà dice che come esseri umani cambiamo, impariamo nuove lezioni e, con il successo, affrontiamo nuove sfide.

Il successo, semplicemente, cambia il gioco. Vecchi crucci e dubbi che ci assillavano possono scomparire, ma ne arrivano altri: nuova tensione, nuove regole e aspettative e un senso di sopraffazione in una vita improvvisamente più grande di prima.

Gloria è entrata in una crisi profonda quando le sue azioni hanno avuto un balzo in Borsa e lei è diventata improvvisamente ricchissima. La sua prima reazione è stata di esultanza, perché con quella nuova agiatezza venivano improvvisamente a cadere tutte le mille preoccupazioni quotidiane: l'affitto, le spese per i figli, il lavoro. Ma Gloria non aveva messo in preventivo le implicazioni negative della ricchezza: parenti che chiedevano denaro, l'ex marito che si faceva improvvisamente vivo dopo sei anni di silenzio e l'assillo continuo di enti, associazioni e istituzioni per ottenere donazioni e contributi.

Gloria si struggeva. Non sapeva come gestire la ricchezza e il timore di fare errori la angosciava, come il dubbio di essere disprezzata o considerata egoista perché non era abbastanza generosa.

Certo, quella pioggia d'oro le aveva facilitato la vita, ma le causava anche sofferenza. A differenza delle persone che non sono diventate ricche da un giorno all'altro, Gloria sentiva il peso di una realtà diversa che le era caduta addosso all'improvviso. Qualche volta, di notte, sola con se stessa, si trovava a pensare al passato, più duro ma anche infinitamente più semplice. Poi, le bastava guardare fuori dalla finestra l'auto sportiva nuova fiammante e sorrideva. I cambiamenti nella sua vita erano fonte di disagio? Certo. Ma lei li avrebbe barattati con la vita di prima? Probabilmente no.

Le implicazioni

Un saggio yogi indiano un giorno ha detto: «Quando voi fate questo, fate anche quello»; e non avrebbe potuto essere più preciso. Ogni *questo* comporta infatti un *quello*, che non è necessariamente negativo o gravoso, ma ha sempre la stessa importanza del *questo*.

Per esempio, la fama corrode la vita privata; una grande ricchezza implica abili strategie finanziarie; un avanzamento professionale presuppone più responsabilità e pressioni. Il matrimonio esige che si accettino compromessi, un'attività imprenditoriale, rischi.

Non sto dicendo che ogni cosa positiva si trascina dietro qualcosa di negativo, sto solo sottolineando il legame inscindibile fra scelta e conseguenza. Tutto si basa su un rapporto stimolo/reazione; se voi provocate il verificarsi di una determinata situazione, ci sarà una conseguenza: positiva o negativa, in quella circostanza oppure in un'altra, ma ci sarà.

Confrontarsi con i cambiamenti

«Ogni cambiamento è un miracolo da contemplare.»

HENRY DAVID THOREAU

Il successo può essere meraviglioso. Non esiste niente di paragonabile alla sensazione di aver realizzato i propri obiettivi e aver visto avverarsi i propri sogni. È qualcosa che vi fa sentire in cima al mondo e in armonia con i vostri propositi. Può darvi esultanza e profondo orgoglio, oppure, più semplicemente, una grande sensazione di appagamento.

Come abbiamo visto, però, il successo non viene da solo. Alcuni cambiamenti saranno positivi, altri rappresenteranno delle sfide, altri ancora saranno divertenti e altri opprimenti. Quali che siano le vostre sensazioni al riguardo, questi cambiamenti esigono la vostra attenzione, perché il recente successo non sia compromesso da vostri errori o da influenze esterne.

Giocare d'anticipo

Prevedere le implicazioni del successo aiuta. Sapere che cosa aspettarsi in positivo e in negativo prima ancora di arrivarci è il modo migliore perché il passaggio sia per quanto possibile armonico.

Certo, non è possibile prevedere ogni cambiamento, ma giova sicuramente farsi una buona idea dei concetti base.

Scott e sua moglie Lidia erano due terapeuti di coppia, validi ma conosciuti solo nel loro ambito locale. Tutto cambiò quando accettarono di partecipare a un talk show televisivo: le richieste di una loro consulenza triplicarono, mettendoli in seria difficoltà. Il problema reale però non era il sovraccarico di lavoro, ma la tensione crescente, che li rendeva stanchi e irritabili l'uno con l'altra. Scott e Lidia non riuscivano a credere di vivere una crisi identica a quella delle coppie che abitualmente si rivolgevano a loro per uscirne.

Il successo li aveva colti di sorpresa, perché non avrebbero mai immaginato una sua influenza tanto pesante sulla loro vita privata. Per fortuna, però, Scott e Lidia avevano doti di comunicativa molto sviluppate e riuscirono a superare il problema parlandone, anche se questa fase non fu del tutto indolore. Probabilmente, non ci sarebbe stato nessun trauma da successo se avessero avuto qualche idea di dove li avrebbe portati quel talk show.

Un altro modo per sapere prima che cosa ci aspetta è chiederlo a chi ci è già passato, anche perché spesso queste persone desiderano condividere la conoscenza acquisita con l'esperienza del successo. Fate domande, informatevi su tutto quello che sentite di voler sapere. Chiedete come sono arrivati al successo, come si sono sentiti, se sono stati colti di sorpresa, che cosa cambierebbero nel loro modo di agire con il senno di poi.

Domandate anche se lo rifarebbero. Può essere il modo giusto per evitare di vedere il mondo attraverso le lenti color rosa e per prepararvi a quel che succederà quando i vostri obiettivi si realizzeranno.

Cambiamenti interiori: l'identità

Ciò che definiamo «identità» si compone di due parti: quello che siamo nella vita (le azioni, le scelte, i comportamenti, come ci vedono gli altri) e quello che proviamo per noi stessi, il rapporto che abbiamo con il nostro io (emozioni, sentimenti, percezioni).

Questa seconda parte è molto più importante della prima ed è quella che dovete considerare con attenzione quando siete spinti verso nuovi orizzonti.

Ogni volta che raggiungete un nuovo livello di successo, indipendentemente dal suo tipo o ambito, la vostra identità cambia, proprio come cambiano il vostro status sociale, la vostra sfera di influenza o il conto in banca.

Cambia ciò che siete e come vi definite. Non siete più la stessa persona, non siete più «nessuno», non siete più quello che invidiava gli altri. Con il successo il «promettente musicista» diventa un musicista con tanto di contratto con una casa discografica; la «persona di pochi mezzi» qualcuno che opera su basi finanziarie solide; l'«assistente» diventa manager, l'«imprenditore di belle speranze» un protagonista dell'economia.

Con il successo siete quello che volevate essere e avete realizzato parte dei vostri sogni. E, come risultato, dentro di voi sentite che qualcosa è cambiato.

Spesso sentiamo di star di Hollywood che, dopo aver raggiunto il successo, nel volgere di poco tempo vedono fallire il loro matrimonio o una consolidata relazione sentimentale. Certo i motivi alla base di una rottura possono essere molteplici, ma una componente importante è spesso l'incapacità di padroneggiare le conseguenze del successo sulla propria vita privata.

Come fronteggiare questi cambiamenti nell'identità personale? Non è un interrogativo di poca importanza, perché non esistono risposte semplici, facili e standard. È come quando, da piccoli, vi compravano indumenti di una o due taglie superiori, per farveli indossare più a lungo. Non essendo a vostro agio, pensavate: Non sono io; e avevate in gran parte ragione. Ma eravate quello che stavate diventando.

Diventare è per definizione un momento di transizione. È il nuovo «io» che affiora, il delinearsi di un nuovo ambito esistenziale con nuovi punti di riferimento e la ricerca di una condizione di benessere in quello che risulta intimamente disagevole. Questo può avvenire soltanto per fasi graduali.

Quando ho discusso la mia tesi di laurea, ottenendo il dottorato per cui mi ero impegnata assiduamente per otto lunghi anni, mi sono trovata spiazzata. Mi chiedevo se dovessi presentarmi in modo diverso e se usare o meno il titolo accademico davanti al mio nome. Mi sentivo profondamente a disagio perché avevo realizzato un sogno lungo vent'anni e malgrado questo non capivo dove fosse la differenza rispetto a prima. Io ero ancora la stessa persona, facevo le stesse cose che avevo sempre fatto. Però, contemporaneamente, sentivo anche il desiderio di far sapere a tutti che avevo raggiunto la mia meta, pur non volendo sembrare vanitosa.

Nella mia confusione, pensai che la soluzione fosse dare una festa, spedire ad amici e conoscenti partecipazioni di laurea con un bel titolo accademico stampato sopra e trasformare la camera degli ospiti in studiolo, con diploma di laurea e altri attestati ben in vista sulle pareti. Ma tutto questo non mi fu di grande aiuto. Poi mi fu chiaro che il processo di acquisizione della nuova identità doveva in qualche modo essere interiore. Avevo bisogno di identificare e integrare le varie parti di me stessa: a) chi ero, b) che cosa avevo ottenuto, c) chi stavo diventando. Una sorta di microchirurgia psichica, che però mi avrebbe chiarito le idee.

Così stilai tre liste.

La prima elencava *come mi ero definita, chi ero stata nel passato*: una consulente aziendale, una mamma single, una studentessa universitaria, un'abile conferenziera, una trainer motivazionale di talento, un aiuto per persone in cerca di credibilità, un sostegno invisibile e che dava coraggio.

La seconda citava *quello che avevo ottenuto*: essere riuscita a sfondare, il più alto livello di istruzione mai raggiunto nella mia famiglia, una nuova fiducia nelle mie capacità (*Posso! Ci sono riuscita!*), la consapevolezza di aver portato a termine una ricerca originale, quella di amare lo studio, la sensazione di sentire il mio cervello ampliarsi con la nuova conoscenza e le nuove informazioni, un nuovo livello di competenza e autorevolezza.

La terza, infine, ricordava *chi ero diventata*: una dottoressa, un'autorità riconosciuta, una persona con più autostima, una professionista che avrebbe potuto insegnare nelle università, un individuo che si sentiva sicuro si sé.

In questo modo sono riuscita a superare la mia fase di transizione.

Ogni volta che riuscite a ritualizzare, analizzare o esternare il vostro adattamento a una nuova realtà, voi definite quest'ultima e la fate diventare parte di voi. *Diventare* è il processo di fusione tra l'esterno e l'intimo.

Riconoscere il successo

Ogni livello di successo è un rito di passaggio, che in qualche modo va onorato. Voi non siete obbligati a scrivere della vostra fase di transizione come ho fatto io (sebbene io raccomandi caldamente questo esercizio), ma dovete sperimentare la realtà che qualcosa è cambiato e acquisire piena coscienza del significato di quel cambiamento per voi.

Parlarne con un amico o con il proprio partner

può aiutare. La cosa più importante è concentrarsi sui propri sentimenti. Sono in qualche modo diversi da quelli provati finora? Che cos'è cambiato nel vostro rapporto con voi stessi? Che cosa farete di diverso? Che cosa avete bisogno di anticipare o pianificare per il futuro? Tutte queste domande vi creeranno un po' di disagio. È normale. Potreste anche desiderare di tornare alla condizione precedente il successo, quel tempo in cui stavate meglio con voi stessi. Se è così, annotatelo. Chiedetevi che cosa vi serve per godere appieno del nuovo livello di successo e fate tutto il necessario per riuscirci.

Ritualizzare il successo

La ritualizzazione del successo è l'ultimo elemento del puzzle. Festeggiate questo successo nel modo e con le persone che preferite, trovate qualcosa che ne diventi simbolo e possa ricordarvelo in ogni momento. Nella vita celebriamo molti altri eventi importanti e allora perché non i successi individuali? Farlo li renderà indimenticabili anche quando avrete già iniziato il cammino verso una nuova grande impresa.

Le reazioni degli altri

Siete unici, ma non soli, in quanto integrati nell'umanità e in relazione con il vostro prossimo. Quello che succede a voi tocca anche queste persone, in modi diversi, più o meno diretti.

È come se voi foste un nocciolo intorno al quale stanno i famigliari, gli amici, i soci e i colleghi e tutte le conoscenze acquisite, a formare la vostra sfera di influenza. Queste persone risentiranno del vostro cambiamento, con reazioni più o meno positive per voi.

Si dice che il successo di una persona scateni gli istinti peggiori nelle altre, anche le più vicine. Quando si sperimenta una vittoria, si scopre regolarmente che solo i veri amici sanno accompagnarci nel trionfo. Doloroso ma vero: se voi crescete, cala il numero dei vostri rapporti sociali; e viceversa. Questa situazione presenta delle sfide.

A esultare sinceramente per il vostro successo, in qualsiasi campo si manifesti, saranno i vostri veri e leali sostenitori, i compagni di lunga data e i famigliari, che sapranno vedere oltre le loro necessità per celebrare con voi le vostre conquiste. E sono questi i rapporti preziosi da salvaguardare, quelli con le persone da ringraziare per quello che vi offrono.

Tuttavia, però, può accadere che qualcuno, anche nell'entourage degli intimi, invidi il vostro successo. Può anche farlo perché si sente escluso o minacciato ma, qualunque sia la ragione che la provoca, la sua invidia risulta dolorosa.

Susan e Russell erano due cugini, coetanei e molto uniti da vari interessi comuni. Molto spesso, si aiutavano nello studio ed erano inseparabili. Insomma, tra loro splendeva il sole dell'amicizia più solidale, fino al giorno in cui Russell non fu scelto per pronunciare il discorso di commiato alla consegna dei diplomi al college.

Susan reagì molto male e, pur cercando di mascherare la sua invidia, cominciò a fare del sarcasmo, chiamando Russell «cervellone» e non risparmiandogli commenti molto velenosi. Il giorno della laurea di Russell, Susan arrivò in ritardo alla cerimonia e se ne andò presto dalla festa che seguì, adducendo la scusa di un forte mal di testa. Anche se non voleva darlo a vedere, dentro di sé Susan era in preda a sentimenti conflittuali: da un lato era orgogliosa del cugino, dall'altro gelosa. Anche lei si era laureata con una buona votazione, ma inferiore; e questo le pesava. Quando Susan venne da me, riuscii a scoprire un suo remoto complesso di inadeguatezza intellettuale nei confronti di Russell. Era questo a causare il suo comportamento sgradevole, ma Susan non se ne era mai resa conto, prima. Casi come questo sono frequenti: le persone che si dimostrano incapaci di gioire del vostro successo in genere soffrono di qualche complesso di inferiorità o di terribili insicurezze. La loro gelosia potrebbe benissimo essere causata da un loro sogno che, al contrario del vostro, è rimasto irrealizzato.

Che reazione avere, di fronte a un comportamento simile da parte di chi credevate amico? Risentimento o addirittura rabbia?

Dovete scegliere: o bandire quella persona dalla vostra vita, in senso fisico o emozionale, oppure cercare una soluzione.

Spesso l'unica via è la prima, magari passando attraverso una conversazione molto franca con lei per spiegarle quanto vi ferisca il suo comportamento. Se però sentite che per quella relazione vale la pena di lottare, allora dovete adottare un approccio diverso: primo, chiedervi con onestà se in qualche modo non siete stati voi, con il vostro comportamento, a inimicarvi quella persona, e fare ammenda se la risposta è affermativa; secondo, mettervi nei suoi panni. Come si sente alla luce del vostro successo? Esclusa, timorosa di perdervi, inferiore a voi? Il terzo passo è affrontarla con tatto e gentilezza, cercando di spiegarle come vi sentite e quanto sarebbe importante per voi il suo sostegno. Se rifiuta di aprirsi e di collaborare, allora lasciatela perdere. Continuare quella relazione sarebbe solo negativo, per voi. E in ogni modo in coscienza saprete di aver fatto del vostro meglio per salvare il rapporto.

Mantenere una prospettiva

«Dimentichiamo anche troppo presto quello che pensiamo di non dover dimenticare mai.»

JOAN DIDION

Voi ricordate bene la vista che si godeva là dove stavate prima del successo. Là avevate familiarità con il paesaggio e sentivate ben saldo il terreno sotto i vostri piedi. Là, ogni mattina, al risveglio, vi sentivate sicuri.

Con il successo, ecco che a un tratto niente vi è più familiare: la vista è cambiata, il terreno sembra malfermo. Tutto appare completamente diverso.

Una delle sfide più ardue del successo è la capacità di mantenere la vostra prospettiva. A dire se siete in grado di vincerla sarà il tempo, non il momento dell'esultanza subito dopo il trionfo.

Potete godere del vostro successo senza lasciare che la vostra visione della vita venga distorta?

Potete goderne senza che il vostro ego assuma dimensioni allarmanti?

Sapete mantenere i vostri valori quando arrivano nuove tentazioni?

Più grande è il successo, più difficili sono le prove. A un certo livello del gioco del successo, vi troverete a scontrarvi con quattro lezioni molto significative: l'integrità, l'arroganza, l'avidità e il potere. Più avrete successo, più difficile sarà resistere al seducente richiamo della sua zona oscura.

Conservare l'integrità

Quando tutti ci guardano e sono pronti a elogiarci, è facile comportarsi in modo onesto, come è facile non farlo, se ci conviene, stando al riparo dal giudizio altrui. Integrità significa fare ciò che è giusto, sempre, anche quando nessuno ci osserva.

Mantenere l'integrità è una delle più alte lezioni da imparare, perché quando si ha successo è facile scendere a compromessi per andare avanti e l'integrità vi chiederà di ricordarvi chi siete e i vostri valori.

Viviamo in una società in cui l'onestà conta molto poco. Chi rispetta i limiti di velocità in piena notte su una strada deserta? Chi consegna alla polizia un portafoglio trovato per caso?

Fare la cosa giusta implica avere forza d'animo, ascoltare la voce della coscienza e rispettare quei valori che sappiamo essere giusti, anche se spesso nel cammino della vita si presentano lusinghieri inviti a scendere a compromessi.

Anni fa, quando anch'io recitavo, ho conosciuto una giovane attrice italiana di nome Bella. La sua passione era il teatro ed era venuta in America per studiare. Con grande impegno si era applicata sui classici, su Shakespeare e su Shaw. Un giorno, dopo un'audizione, il regista le propose un'altra audizione, «privata». Bella, ancora poco esperta delle sfumature del linguaggio americane, gli chiese innocentemente di spiegarsi meglio.

«Più tardi passi da casa mia e là potrà recitare per me in privato...» le sorrise incoraggiante il regista.

A quel punto il messaggio era esplicito. Bella aveva un disperato desiderio di recitare nella nuova commedia di quel regista perché avrebbe dato un grande impulso alla sua carriera, ma si rese conto che sarebbe stata prescelta per doti ben diverse da quelle artistiche. La sua carriera contro i suoi principi morali... Bella non esitò molto. «Bene», rispose, «credo che lascerò perdere. Grazie lo stesso!» e se ne andò senza più guardarsi indietro.

Ma ci sono scelte meno semplici, che possono veramente mettere in crisi; per esempio quando il vostro capo vi chiede di mentire su qualche cosa. E in un mondo come quello di oggi è estremamente difficile salvaguardare la propria integrità morale, quando le situazioni e le persone sembrano congiurare per mettervi ripetutamente di fronte alla scelta tra onestà e compromesso. Che il conflitto riguardi piccole o grandi cose, quasi sempre si avrà la sensazione che dimenticare valori e principi possa dare subito grandi vantaggi.

Che fare, in quei momenti? Potrebbe aiutarvi nella scelta porvi queste domande:

1. Che cosa sto per fare?
2. Come mi sentirò se lo farò o non lo farò? Il vantaggio vale quel che provo?
3. Questa azione è in linea con il mio carattere, con quello che penso di essere?
4. Questa scelta mi porterà dove voglio andare o mi farà deviare?
5. Se lo faccio, mi sentirò fiero di me?
6. Che alternative ho?
7. Quali potrebbero essere le conseguenze del fare o non fare questa cosa?

La trappola dell'arroganza

Più grande è il successo, più impegnative sono le prove, abbiamo detto. Salendo attraverso i vari livelli del successo, realizzerete di aver imparato bene molte lezioni: così bene da aver superato tutte le prove. A quel punto potreste pensare di non aver più niente da imparare, perché siete «arrivati». Ed è invece questa la lezione più seducente di tutte, perché va oltre l'orgoglio: è la lezione dell'arroganza.

Arroganza è credere di aver raggiunto il successo da soli, senza aver avuto bisogno degli altri; l'arroganza vi fa credere invincibili, superiori agli altri, mai rimproverabili e autorizzati a ignorare senza conseguenze le regole valide per tutti.

A distinguere l'orgoglio dall'arroganza c'è soltanto una sottile linea, l'ego. È perfettamente normale essere orgogliosi di aver raggiunto certi obiettivi, che sono la ricompensa dei vostri sforzi. Il rischio inizia quando incominciate a pensare che il successo vi dia il diritto di prevaricare.

Le persone qualche volta si sentono attratte dall'arroganza. Se in passato siete stati sminuiti, potete essere tentati di sminuire gli altri e, se avete sofferto, più o meno inconsciamente potete desiderare che anche gli altri provino la vostra stessa sofferenza e allora agite con arroganza. L'espressione «Il potere corrompe completamente, sempre» significa che dopo aver raggiunto il potere si tende ad abusarne, invece che a farne un uso corretto e secondo etica.

Una mia amica, dirigente in un'importante stazione televisiva, mi ha raccontato, incredula, della metamorfosi in negativo subita da Gavin, un giovanotto che proprio lei aveva assunto come conduttore del notiziario della sera, togliendolo da un'oscura emittente locale. Gavin, certo di «diventare una star», come ripeteva a tutti, si è montato la testa non appena insediato nel nuovo incarico e ha incominciato a trattare i subalterni come servi, dimenticandosi puntualmente i «Per favore» e i «Grazie» e mostrandosi oltremodo villano con tutti.

Alla mia amica ho consigliato di stare alla finestra, perché prima o poi quel ragazzotto arrogante avrebbe imparato la sua lezione di umiltà, come sempre accade nella vita a quelli come lui.

L'umiltà è la cura più efficace per l'arroganza e sono generalmente gli altri a insegnarla, anche in modi crudeli, perché un arrogante difficilmente sa di esserlo e, in ogni caso, non lo ammette mai.

Siete caduti in trappola?

Per capirlo, ci sono indizi precisi. Considerate gli altri degli inferiori o delle persone che non meritano il vostro stesso rispetto? Credete di aver già imparato tutto dalla vita e pensate che nessuno potrà mai togliervi il vostro successo? Allora forse siete diventati arroganti. L'unico modo per ravvedervi senza aspettare che provvedano gli altri è tornare ad atteggiamenti di gratitudine e rispetto verso chi vi circonda. Mantenete sempre la connessione con la vostra sorgente spirituale e i vostri propositi più nobili e potrete uscire dalla trappola.

L'avidità: non averne mai abbastanza

Quando accontentarsi dei soldi? Quando bastano applausi, premi, gratificazioni e medaglie d'oro? Quando stabilire che il proprio calice è finalmente colmo?

Marlon Brando una volta ha detto: «La cosa più difficile del mondo è accontentarsi di un piccolo successo». Sotto certi aspetti, il successo è come una droga: induce assuefazione e porta a desiderarne sempre di più. Ma fino a un certo punto tutto questo è normale. Quando allora il desiderio diventa avidità e i sogni si trasformano in ingordigia? Quando il desiderio di accumulare diventa ossessione, quando si cerca di riempire ancora un cesto già colmo e quando «abbastanza» sembra una parola estranea al vostro vocabolario.

La lezione dell'avidità si impara quando si raggiungono i livelli più alti nella scala del successo, soprattutto nel campo degli affari. Una casa più prestigiosa, un'auto più lussuosa, un affare più redditizio ci sono sempre: se li considerate degli obiettivi, vuol dire che state già viaggiando verso nuovi livelli di successo. Ma se sentite di doverli avere malgrado tutto e a qualunque costo, se il vostro impulso si è trasformato in compulsione, allora vi state inoltrando nella selva oscura dell'avidità.

La fonte dell'avidità

Quasi sempre alla base dell'avidità c'è una convinzione di povertà ben radicata nel subconscio e la necessità di accumulare sempre di più non è altro che un tentativo di colmare un vuoto nella vostra vita e, in ultima analisi, nella vostra anima.

Dario aveva tutto quello che un uomo può desiderare: una moglie adorabile, bambini meravigliosi, una bella casa, un lavoro appagante e molti amici, eppure non era mai soddisfatto. La sua paura, come ammise con la moglie, era quella di perdere tutto. Da bambino era cresciuto in una famiglia molto numerosa dove non sempre c'era in misura sufficiente per tutti quello che serviva, dagli abiti al cibo. La paura di non avere abbastanza si era radicata in lui e il suo successo nella vita non era bastato a cancellarla. Anche dopo aver raggiunto l'agiatezza, Dario si era convinto che quel benessere fosse precario e transitorio e cercava di cautelarsi accumulando sempre più beni materiali. Quell'ossessione si era estesa a ogni campo della sua vita, compresi gli affetti e ormai Dario non riusciva più a essere sereno né a godersi quello che aveva. Quando venne da me, accettò di lavorare su questa paura irrazionale, così forte da rendere reali le aspettative più immotivate e, a poco a poco, riuscì ad aprire il suo cuore alla bellezza della vita.

Se pensate di essere avidi e di avere un complesso come quello di Dario, per evitare che sia la vita a impartirvi una dolorosa lezione sull'avidità dovrete semplicemente rivedere le vostre convinzioni e considerare in positivo la vostra situazione, passando cioè da un atteggiamento mentale di *povertà* a uno di *abbondanza*. Dal mantra al training psicologico, c'è un'infinità di mezzi a cui potete ricorrere.

Quando nel vostro cuore sentirete che il calice è abbastanza colmo per voi e avvertirete l'appoggio esterno, l'avidità si dissiperà e voi potrete rilassarvi, felici di quello che avete.

Un uso responsabile del potere

Il potere è la capacità di affermare nel mondo i propri desideri. In un'estensione estrema di questa definizione, oggi si considera «potere» il controllo, il dominio, l'influenza che si ha sugli altri.

La lezione per chi ricopre posizioni di potere è una delle più impegnative, perché la tentazione di abusare del potere per il proprio tornaconto invece di usarlo per il bene comune è sempre forte.

Molte persone giurano a loro stesse che non cadranno mai in questo errore, una volta arrivate in alto. Ma poi, alla prova dei fatti, si smentiscono.

Forse conoscete qualcuno che è ossessionato dal potere o qualcuno che ne abusa. Queste persone possono perdere la connessione con il proprio io e i propri propositi.

Se avete ancora da imparare la lezione del potere, avrete la tentazione di misurarvi con lui e vi si presenteranno dei test. Se non imparate questa lezione, rischiate il distacco dai vostri principi e dai vostri valori. Il vostro io potrebbe andare perduto nella rincorsa estrema di un potere sfrenato.

Il successo non è la risposta a tutti i problemi. Non è il biglietto magico per il regno della felicità e neppure la destinazione finale della vostra evoluzione. Ogni livello di successo porterà sfide e lezioni di vita che sarete costretti a imparare.

Poiché continuate il vostro viaggio dal *qua* attuale al successivo *là*, ricordate che questo, in ultima analisi, non è migliore o peggiore. È semplicemente una opportunità di esplorare un nuovo territorio e imparare quello che ogni nuova meta ha da offrire.

Regola Dieci

Il successo è un percorso che non finisce mai

Quando si raggiunge la cima,
c'è sempre un'altra vetta da scalare.

Il successo non è una condizione definita. Non è una porta magica da varcare per poi restarsene comodamente seduti dall'altra parte. Il successo è come una scala a chiocciola che si inerpica attraverso i vari piani dei vostri sogni.

Ci sono sempre nuove vette da raggiungere, nuovi orizzonti da esplorare e nuove lezioni da apprendere. Come avete già visto, dopo ogni elusivo *là* raggiunto ecco che ne appare un altro e voi ripartite, alla ricerca di quella nuova meta, di quella nuova realizzazione. Parte del processo è determinare se volete continuare a crescere, se nel farlo siete in grado di mantenere la vostra vera natura e se riuscite a vedere le cose nella stessa prospettiva quando cambia il gioco. Il successo implica la necessità di stare in equilibrio fra l'apprezzamento del punto cui siete arrivati e la nuova sfida o opportunità, che vi svelerà la vostra continua evoluzione personale. Un paradosso, insomma, che esige il controllo simultaneo di due realtà in apparenza opposte. Impresa non facile, ma equivalente a un corso di laurea nella scuola della vita.

Il ciclo di compimento e rinnovamento

«Il bruco chiama fine del mondo ciò che l'uomo chiama farfalla.»

RICHARD BACH

Ho sempre amato l'alpinismo, non tanto per l'esercizio fisico quanto per l'incredibile bellezza del panorama che ci troviamo di fronte quando arriviamo in vetta. Ricordo in particolare un'escursione con la mia amica Ciska: ogni volta che superavo un ostacolo e arrivavo in cima al picco che stavo scalando, mi si presentava un panorama mozzafiato e là, davanti a me, ecco già un'altra roccia, un altro picco da scalare.

Il successo è qualcosa di molto simile, una serie

continua di piattaforme, avvallamenti e rilievi. Non appena raggiungete un livello, ecco davanti a voi una nuova visuale, con nuove sfide prima invisibili. Possono riguardare lo stesso ambito in cui avete mosso i vostri passi fino a quel momento, o proporvi obiettivi da realizzare in un altro settore della vostra vita. Chi ha avuto successo nella professione, per esempio, può cercare una realizzazione anche nell'ambito privato. La vostra vita è una serie continua di montagne da scalare alternate a piattaforme, dove godere di una vista appagante prima di ricominciare l'ascesa.

Ma perché il successo è un processo infinito? Perché cambia con il tempo la definizione che se ne dà. Il successo assume aspetti diversi nei diversi momenti della nostra vita. Gli obiettivi di un bimbo in tenera età non sono quelli di un ragazzino né di un adolescente né di un adulto. Il successo cambia e si modifica con noi. Come dice Gloria Steinem: «Il modello del successo non è lineare. Successo è completare tutto il cerchio di voi stessi».

Apprezzare il panorama

Durante l'ascesa ogni tanto è bene che facciate una sosta, per prendere coscienza di dove siete e apprezzare l'esperienza, ma molto spesso ci si dimentica di indugiare per celebrare la propria riuscita. Se voi sottovalutate l'importanza e il valore di quelle mete che prima vi hanno attratto e tirate dritto verso l'avventura successiva, rischiate di perdere le ricompense di tutti i vostri sforzi.

La soddisfazione dipende dal punto in cui focalizzate la vostra attenzione. Se vivete pienamente nel presente, avete molte più probabilità di godervi il viaggio. Se guardate solo al domani e vi concentrate sul futuro, perderete il momento magico e rischierete di cadere nella trappola di restare a rimuginare su quello che non avete o quello che non fate. La chiave del successo è bilanciare soddisfazione con aspirazione.

Charlie era un assistente sociale di Chicago che si prodigava in ogni modo per seguire al meglio i suoi numerosi pazienti. Senza sosta, senza orari, senza mai considerare con se stesso i suoi importanti risultati: aver trovato un medico che garantisse assistenza domiciliare a un bimbo povero ammalato o aver convinto il figlio di un anziano sofferente di Alzheimer ad accogliere in casa il padre. Charlie non si fermava mai, non rifletteva mai sugli obiettivi raggiunti e alla fine, pur amando moltissimo il suo lavoro, si rese conto che non se ne sentiva appagato. Il segreto era apprezzare i suoi successi ed esserne felice.

La peggior conseguenza del non apprezzare quel

che si riesce a fare è lo stress e, da ultimo, l'annullamento. Se non sperimentate la gioia, perdete di vista il vostro obiettivo. Un giorno potreste risvegliarvi al traguardo che vi siete posti ma senza nessun ricordo di come ci siete arrivati.

Riconoscere quello che si è portato a termine

Non sempre si riesce a capire quando è il momento di fermarsi a celebrare le proprie realizzazioni, perché si è troppo impegnati o distratti da altre incombenze. Una buona idea allora è farsi un periodico check interiore.

Fermatevi di tanto in tanto e chiedetevi:

1. Che cos'ho fatto di recente di cui essere orgoglioso?
2. Che cos'ho imparato lungo il percorso da *qua* a *là*?
3. Come sono cresciuto?

Porvi queste domande vi metterà in modalità «pausa». Rispondere vi darà un'idea chiara del punto in cui siete lungo il cammino. Avrete una prova tangibile del vostro progresso e allora sarete in grado di fermarvi e celebrare quelle realizzazioni.

Jill, una delle mie clienti, fa spesso questo esercizio, non solo per se stessa ma per la sua società. Ogni dicembre lei e i suoi soci si riuniscono per elencare tutti i risultati raggiunti, dai più insignificanti a quelli clamorosi. Scrivono tutto quello che hanno imparato insieme, annotando anche quando hanno collaborato al meglio e che cosa ha o non ha funzionato bene nel complesso. In questo modo a fine anno festeggiano gli obiettivi raggiunti e hanno una visione chiara di come impostare le strategie future. Trovano anche positivo confrontare l'elenco con quello dell'anno precedente, per misurare crescita e sviluppo dell'azienda e farsi un'idea di quel che potrebbe verificarsi.

Ogni volta che potete farlo, quindi, fermatevi e godete la vista che vi si offre. Riempitevi gli occhi e la mente di tutta la bellezza, dei doni e dei risultati della vostra vita.

Considerate anche le promesse della vita che state per crearvi. Se è sempre importante non perdere di vista gli obiettivi davanti a voi, è altrettanto importante, di quando in quando, voltarvi per vedere quanto lontano siete arrivati.

Il significato del gioco

«Quello che chiamiamo inizio spesso è la fine. E creare un termine è creare un inizio. La fine è il punto da cui si parte.»

THOMAS S. ELIOT

Successo significa aver vissuto una vita degna di essere vissuta. La grande ironia sta in questo: il valore ultimo della partita che avete giocato fin qui non è la realizzazione dei vostri obiettivi, ma l'aver imparato le lezioni che dovevate imparare giocando.

Quando formulate un obiettivo, automaticamente definite il percorso per il vostro personale sviluppo. Immaginare l'obiettivo significa raggiungerlo. La vostra crescita: ecco lo scopo, l'essenza del gioco del successo.

Durante la vita la crescita non ha mai fine: gli esseri viventi ristagnano e muoiono non appena smettono di crescere. Come essere umano avrete davanti varie fasi ci crescita e ogni livello di successo vi guiderà verso la successiva.

Tutti hanno la capacità di migliorare. Non conta quanto avete imparato, c'è sempre qualcosa in più da conoscere. Non conta quello che avete realizzato, potete sempre espandervi ancora. Non conta quanto siate diventato saggio e accorto, ci sono sempre nuove dimensioni di consapevolezza più alta. Non fermarsi mai e acquisirle tutte è il segreto del successo.

L'appagamento è una condizione dell'essere, la crescita lo è dell'agire. Quando fate il gioco del successo, siete in azione. Quando una fase del gioco si chiude, sperimentate l'appagamento... e il ciclo ricomincia, incessantemente, ancora e ancora e ancora...

Per tutta la durata della nostra vita sulla Terra avremo sempre nuove avventure da vivere, nuove vette da scalare e nuove esperienze da cui imparare. Tutto il tempo dell'esistenza deve essere impiegato per la vostra crescita interiore; gli obiettivi e i risultati sono mezzi per realizzare questa crescita. Quel che conta, ogni tanto, è fermarsi per diventare consapevoli di quanto si è cresciuti e di quanta strada si è fatta, prima di ripartire per un'altra tappa di questo gioco così eccitante.

Il nome di questo gioco è «successo» e vincere dipende solo dall'esperienza.

Collana «Esperienze»

1. Rosemary Altea, *Una lunga scala fino al cielo*
2. Dannion Brinkley con Paul Perry, *Salvato dalla luce*
9. Betty J. Eadie, *Risveglio nella luce*
10. Rosemary Altea, *Spirito libero*
12. Manny Twofeathers, *La Danza del Sole*
14. Rosemary Altea, *I colori dell'anima* (con audiocassetta)
18. Rosemary Altea, *Il dono dell'esperienza* (con audiocassetta)
19. Neale Donald Walsch, *Conversazioni con Dio*
21. Manuela Pompas, *L'aldilà esiste?*
23. Chérie Carter-Scott, *Se la vita è gioco, ecco le regole*
24. Rosemary Altea, *La forza che è in te*
25. Lorenzo Ostuni, *L'amore guarisce la vita*
26. Chérie Carter-Scott, *Se l'amore è gioco, ecco le regole*
27. Susan Chernak McElroy, *Gli animali ci fanno del bene*
28. Shirley MacLaine, *Il Cammino*
29. Levi Meier, *Il mistero della vita quotidiana*
30. Neale Donald Walsch, *Conversazioni con Dio - Libro secondo*
31. Rosemary Altea, *Sono accanto a voi* (con videocassetta)
32. Chérie Carter-Scott, *Se il successo è gioco, ecco le regole*

Finito di stampare nel marzo 2001
presso la Mondadori Printing S.p.A.
Stabilimento N.S.M. di Cles (TN)
Printed in Italy